Martin Ebbertz

Wie die Affen den Fußball erfanden

Weitere Titel des Autors:

Ein Esel ist ein Zebra ohne Streifen

Titel auch als E-Book erhältlich

Martin Ebbertz

Wie die Affen den Fußball erfanden

33 fast wahre Sportgeschichten

Mit Bildern von
Catharina Westphal

Boje

Dieser Titel ist auch als E-Book erschienen.

Originalausgabe

Copyright © 2015 by Bastei Lübbe AG, Köln

Illustrationen: Catharina Westphal
Umschlaggestaltung und Satz: Christina Krutz, Biebesheim am Rhein
Gesetzt aus der Bodoni und der Love Ya Like A Sister
Gesamtproduktion: Print Consult GmbH, München

Printed in Czech Republic

ISBN 978-3-414-82425-7

2   4   5   3   1

Sie finden uns im Internet unter:
www.boje-verlag.de

Ein verlagsneues Buch kostet in Deutschland und Österreich jeweils
überall dasselbe. Damit die kulturelle Vielfalt erhalten und für die Leser bezahlbar
bleibt, gibt es die gesetzliche Buchpreisbindung. Ob im Internet, in der
Großbuchhandlung, beim lokalen Buchhändler, im Dorf oder in der Großstadt –
überall bekommen Sie Ihre verlagsneuen Bücher zum selben Preis.

Inhalt

Der Wettkampf der Tiere

Eines Tages beschlossen die Tiere, einen sportlichen Wettkampf auszutragen. Weil aber die vielen Sportarten, die es heute gibt, damals noch nicht erfunden waren, wussten sie nicht genau, wie sie es anstellen sollten.

»Wir brauchen Spielregeln«, sagte der Fuchs.

»Wir laufen aufeinander zu und stoßen uns um«, schlugen die Büffel vor.

»Wir kämpfen mit unseren Geweihen«, sagte der Hirsch.

So hatte jeder einen anderen Vorschlag.

»Lasst uns um die Wette rennen!«, riefen die schnellen Gazellen.

»Nein, lieber um die Wette fliegen!«, piepste der kleine Spatz.

»Sehr gut«, stimmten die Schwalben zu. »Wer am schnellsten fliegt, hat gewonnen!«

»Besser, wir watscheln über das Eis«, sagte der Pinguin.

»Oder schwimmen im Meer!«, rief der Delfin.

»Wir bräuchten einen Ball«, brummte der Bär.

»Den werfen wir uns mit den Händen zu«, ergänzten die Affen.

»Nein, mit den Füßen!«, forderte das Nilpferd.

So ging es hin und her.

Der Wettkampf der Tiere fand allerdings niemals statt. Denn sie konnten sich nicht auf die Spielregeln einigen.

Wie die Affen den Fußball erfanden

Vor langer, langer Zeit krabbelten die Affen auf allen vieren durch die Gegend. Aber eines Tages bekamen sie Lust auf den aufrechten Gang. Also hoben sie kurzerhand die Vorderbeine hoch und nannten sie »Hände«. Von da an liefen sie – wenn auch anfangs noch etwas tapsig – auf zwei Beinen, und zwei hatten sie zu viel.

So oder so ähnlich steht es jedenfalls in den Schulbüchern. Aber wie war es wirklich? In Wirklichkeit war es so:

»Lasst uns was Neues ausprobieren!«, sagte der Oberaffe eines Tages. »Lasst uns um die Wette laufen! Aber keiner von uns darf mit den Füßen den Boden berühren.« Das war ein lustiges Spiel. Die Affen hangelten sich von Baum zu Baum. Mit der Zeit wurden die Affen klüger, und weil sie nun Hände hatten, erfanden sie den Handball.

»Wir laufen hin und her, und ab und zu werfen wir den Ball ins Tor«, erklärte der Oberaffe, zeigte auf ein Gestell aus dünnen Baumstämmen und sagte: »Das ist das Tor.«

Am Anfang machte das neue Spiel den Affen großen Spaß, aber mit der Zeit begannen sie sich zu langweilen.

Da erfanden die Affen verschiedene Geräte. Für kleine Bälle dachten sie sich den Golfschläger aus. Sie warfen Kugeln, Scheiben und Hämmer in die Luft. Und als es nicht mehr überall Bäume gab, an deren Ästen man schaukeln konnte, konstruierten sie das Reck.

»Das ist eine Stange, an die man sich mit den Armen hängen kann«, erklärte der Oberaffe.

Die Affen turnten ein wenig am Reck, und dann langweilten sie sich schon wieder.

Da erfanden sie ein neues Spiel: Zwei mal elf Affen stellten sich auf einen abgegrenzten Platz und spielten mit einem Ball, ohne ihn mit den Händen zu berühren. Dieses Spiel nannten sie Fußball.

»Oh«, freuten sich die Affen. »Das ist das schönste Spiel, das Affen jemals erfunden haben.«

Die Affen spielten den ganzen Tag. Von morgens bis abends. Und auch am nächsten Tag spielten sie. Und am übernächsten Tag auch. Wochenlang taten sie nichts anderes, als Fußball zu spielen.

Aber eines Tages (etwa vier Wochen später) langweilten sich die Affen schon wieder. Sie langweilten sich sogar schrecklich, und sie wurden sehr traurig.

»Jetzt haben wir alles erfunden, was es zu erfinden gibt«, sagte der Oberaffe. »Wir können laufen, turnen und sogar Fußball spielen – es gibt nichts Neues mehr, was wir uns ausdenken können.«

»Das ist traurig«, sagten die Affen und wiegten bedenklich die Köpfe hin und her. »Das ist sogar entsetzlich traurig.«

Aber die Affen waren im Lauf der Zeit so klug geworden, dass ihnen schließlich doch noch etwas einfiel. Sie erfanden eine Sportart, bei der die Läufer nicht mehr liefen, sondern gingen, so schnell sie konnten. Und sie erfanden eine Sportart, bei der der Läufer gewann, der als Letzter ins Ziel kam.

Und schließlich machten die Affen es zur Regel, dass man beim Laufen mit den Händen den Boden berühren musste. Da liefen sie wieder wie früher auf allen vieren. Und seitdem kriechen sie vergnügt um die Wette.

Der Boxer

Der Boxer boxte. Und wie der Boxer boxte! Leute, so was wie den Boxer boxen habt ihr noch nicht gesehen!

Eines Tages ging der Boxer die große Hauptstraße entlang.

»Wo sind meine Gegner?«, rief der Boxer und boxte mit den **Fäusten** in die Luft. »Ich hau sie alle um!«

Die Leute, die den Boxer sahen, hatten Angst, und manche gingen sogar auf die andere Straßenseite, um ihm nicht zu nahe zu kommen.

Der Boxer war ein bisschen **kurzsichtig**. Genau genommen sah er sogar ziemlich schlecht. Er konnte jedoch keine

Brille aufsetzen, denn Brillen stören bekanntlich beim Boxen. Wenn der Gegner auf die Brille haut, dann verletzt man sich leicht im Gesicht. Darum trug der Boxer keine Brille.

Plötzlich blieb der Boxer stehen. Jemand stand ihm im Weg. Der Boxer war groß, aber dieser Jemand war noch größer. Leider konnte ihn der Boxer nicht genau erkennen.

»Bist du ein Boxer?«, fragte der Boxer.

Es war eine **Fußgängerampel**.

Die Ampel gab keine Antwort. Nur das grüne Männchen leuchtete auf, und die Leute gingen über die Straße.

»Wenn du ein Boxer bist«, sagte der Boxer zu der Ampel, »dann hau ich dich um.«

Die Ampel schwieg.

»Hast du nicht gehört?«, sagte der Boxer. »Ich rede mit dir. Hast du **Watte** in den Ohren?«

Aber die Ampel schwieg weiter.

»Ich hau dir auf die Ohren«, drohte der Boxer.

Die Ampel blieb stumm.

»Kannst du nicht antworten?«, sagte

der Boxer. »Bist du auf den Mund gefallen? Hast du ein Pflaster auf den Lippen?«

Die Ampel antwortete nicht, was kein Wunder war, denn Ampeln können nicht sprechen.

»Wenn du **frech** wirst«, sagte der Boxer und wirbelte mit den Fäusten vor der Ampel herum, »dann hau ich dir ein blaues Auge!«

Die Ampel schwieg. Das rote Männchen leuchtete, und alle Leute blieben stehen. Einige lachten, weil der Boxer mit einer Ampel sprach.

»Der Boxer ist stark«, sagten die Leute. »Aber schlau ist er nicht.« Sie flüsterten, denn sie hatten Angst vor dem Boxer.

»Na, du Feigling«, rief der Boxer. »Bist du stumm? Kriegst du deinen Mund nicht auf? Hast du **Klebstoff** zwischen den Zähnen?«

Die Ampel schwieg.

»Sag was, wenn du dich traust«, sagte der Boxer. »Dann schlag ich dir die Zähne ein!«

Und er schlug wild mit den Fäusten um sich. Aber die Ampel blieb ganz ruhig.

»Komm her, du **Weichling**!«, schrie der Boxer. »Du Drückeberger! Du Bammelmeier! Du Duckmäuser! Du Säugling! Du Muttersöhnchen! Du Angsthase! Schlag mich, wenn du Mut hast!«

Aber die Ampel kam nicht, und sie schlug nicht.

»Ich hau dich kurz und klein«, sagte der Boxer.

Die Ampel stand stumm und steif am Straßenrand, das grüne Männchen leuchtete auf, und die Leute gingen über die Straße.

»Na«, sagte der Boxer plötzlich, »dann eben nicht.«

Er ließ die Ampel stehen und ging weiter.

»Wo sind meine Gegner?«, rief der Boxer. »Ich hau sie alle um!«

Und er boxte mit den Fäusten in die Luft.

»Der Boxer ist stark«, flüsterten die Leute. »Aber böse ist er nicht.«

Die Fußballfee

Der kleine Tom war dick und rund und im Fußball eine Null. Ganz hinten stand er im Feld, und wenn der Ball geflogen kam, dann bekam er einen Riesenschreck. Tom konnte kaum so schnell gucken, wie der Ball flog. So schnell laufen schon gar nicht. Ehe Tom es richtig bemerkt hatte, war der Ball wieder weit vorne und mit ihm auch die anderen Spieler. Dann fiel meist ein Tor, und Tom trabte traurig hinterher.

Einmal landete der Ball direkt auf Toms Fuß. Da wollte Tom ausholen und kräftig schießen, aber schon war der lange Sven bei ihm. Und der war schnell wie ein Pfeil! Schwupp!, war der Ball schon wieder weg, und Toms Fuß schoss keinen Ball, sondern traf nur in die leere Luft.

Tom war traurig. »Ach«, flüsterte er. »Ich möchte so gern groß und schlank sein. Ich möchte schnell sein wie ein Pfeil. Ich möchte Fußball spielen und Tore schießen wie der lange Sven.«

Das hörte eine gute Fußballfee, und sie beschloss, ihm zu helfen. Sie war unsichtbar und

nahm dem langen Sven mit ihren zarten Feenhänden den Ball vom Fuß. Das war Handspiel und eigentlich nicht erlaubt, aber weil die Fee unsichtbar war, bemerkte es niemand. Sie legte den Fußball direkt vor Toms Füße, und Tom trat kräftig mit dem rechten Fuß dagegen. Die Fußballfee half ein bisschen nach, und der Ball flog zwanzig Meter weit. Alle liefen dem Ball hinterher, aber niemand war so schnell wie Tom, denn die Fee schob ihn heimlich an.

Jetzt schoss Tom mit dem linken Fuß. Die gute Fee hatte etwas zu kräftig geschubst, darum flog der Ball diesmal fünfzig Meter weit, am Tor vorbei und aus dem Fußballfeld hinaus. Alle liefen hinterher, aber niemand war so schnell wie Tom, und sie verloren ihn aus den Augen.

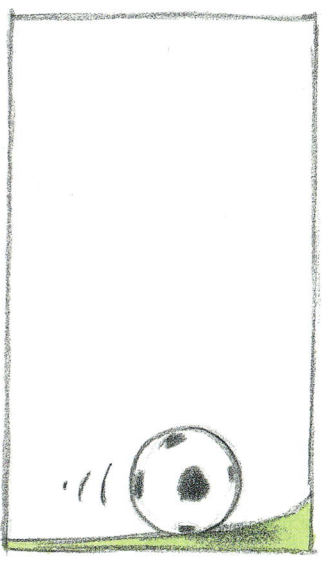

Wieder schoss Tom den Ball, weit und weiter, und plötzlich war er mitten in der Stadt. Die Leute staunten, als der Ball geflogen kam und als Tom über den Marktplatz lief, denn einen so schnellen Fußballspieler hatten sie noch nie gesehen.

Tom schoss den Ball weiter als der lange Sven, und schneller als ein Pfeil lief er hinterher.

Der Ball flog hoch in die Luft, über die Häuser der Stadt hinweg und landete auf einem Weizenfeld, und Tom lief hinterher. Der Ball flog vom Feld in einen Wald, und Tom lief hinterher. Der Ball flog vom Wald an einen Meeresstrand, und Tom lief hinterher. Der Ball flog sogar über das große Meer, da packte die Fußballfee Tom am Hosenbund, und Tom flog hinterher.

Unten auf einem Schiff staunten die Matrosen und guckten in die Luft.

So ging es immer weiter. Und weil die Erde eine große Kugel ist, die von Weitem beinahe wie ein Fußball aussieht, lief Tom einmal um die ganze Erde herum und kam am Ende wieder auf dem Fußballplatz an.

Dort legte die gute Fußballfee den Ball direkt vor Toms Füße, mitten auf den Platz. Und dann schoss Tom ein Tor, sogar ohne Anlauf. Er riss die Arme hoch, und die Leute jubelten ihm zu.

Die gute Fußballfee jedoch verschwand so plötzlich, wie

sie gekommen war, und seitdem hat man leider nichts mehr von ihr gehört.

Aus einer Radrennfahrerfamilie

In einer Radrennfahrerfamilie geht es ein wenig anders zu als in den meisten anderen Familien. Schon nach dem Frühstück machen der Radrennfahrervater und die Radrennfahrermutter ein kleines **Wettrennen**. Sie müssen trainieren, denn richtige Radrennfahrer trainieren immer, und bei der nächsten Rennradfahrerradrennweltmeisterschaft wollen beide die goldene Radrennmedaille gewinnen. Die bekommt nämlich nur der Schnellste – der Radrennfahrervater bei den Männern und die Radrennfahrermutter bei den Frauen.

Nach dem Frühstück also fahren der Radrennfahrervater und die Radrennfahrermutter ein paar Runden um den Häuserblock. Sie fahren so schnell im **Kreis** herum, dass sie sich fast selbst von hinten zuschauen können, wie sie vorne um die Ecke biegen, aber nur fast. Meistens gewinnt beim Trainieren der Radrennfahrervater, weil er die längeren Beine hat. Aber manchmal gewinnt auch die Radrennfahrermutter, und der Radrennfahrervater ärgert sich.

Während der Radrennfahrervater und die Radrennfahrermutter draußen um den Häuserblock sausen, bleiben die Radrennfahrerkinder in der Wohnung. Sie sitzen auf ihren Kinderrennrädern und fahren im Radrennfahrerkinderzimmer hintereinander her. Vorne fährt das älteste Radrennfahrerkind auf dem großen Radrennfahrerkinderrennrad, danach kommt das zweitälteste Radrennfahrerkind auf dem mittleren Radrennfahrerkinderrennrad, und hinten folgt das allerkleinste Radrennfahrerkind auf seinem Dreiradrennfahrerkinderrenndreirad, das drei Räder hat, damit das allerkleinste Radrennfahrerkind nicht umfällt beim Fahren.

Wenn der Radrennfahrervater und die Radrennfahrermutter wieder nach Hause kommen, gibt es Mittagessen. Natürlich hat niemand gekocht, zum Kochen haben richtige Radrennfahrer nämlich keine Zeit. Es gibt das aufgewärmte Essen vom Tag zuvor. Seit drei Jahren schon gibt es an jedem Tag das aufgewärmte Essen vom Tag zuvor, und niemand wundert sich, wie das denn geht.

Zum Essen bleiben alle auf ihren Rennrädern sitzen und verteilen sich um den Küchentisch. Es ist nicht ganz einfach, auf einem Rennrad sitzend zu essen, aber für richtige Radrennfahrer ist das kein Problem. Sie können nämlich freihändig fahren. So ist eine Hand frei für das Messer und die andere für die Gabel. Nur ab und zu fahren alle ein kleines Stück zurück und wieder vor, denn wenn man zu lange mit dem Fahrrad auf einer Stelle steht, verliert man das Gleichgewicht und könnte leicht hinfallen.

Nach dem Mittagessen wird wieder trainiert. Jetzt dürfen die Radrennfahrerkinder nach draußen. Sie fahren um den Häuserblock, so schnell sie können, denn wenn sie groß sind, dann wollen auch sie bei der Rennradfahrerradrennweltmeisterschaft die goldene Radrennmedaille gewinnen. Das allerkleinste Radrennfahrerkind muss aber mit seinem Dreiradrennfahrerkinderrenndreirad im Garten bleiben, denn auf der Straße ist zu viel Verkehr.

Am Abend geht die ganze Radrennfahrerfamilie erschöpft ins Bett. Der Radrennfahrervater und die Radrennfahrermutter gehen in das große Radrennfahrerelternbett, die Kinder gehen in die Radrennfahrerkinderbetten. Die Rennräder nehmen sie natürlich mit. Denn richtige Radrennfahrer steigen niemals von ihren Rädern.

Hase und Igel vor dem Sportgericht

»Hohes Gericht«, sagte der Hase. »Ich klage an!«

Er saß im Gerichtssaal von Buxtehude in der ersten Reihe links außen. Rechts neben ihm waren ein paar Stühle frei, in der Mitte war ein Gang, rechts von der Mitte waren wieder ein paar unbesetzte Stühle, und ganz rechts außen hockte der Igel.

In den hinteren Reihen saß das Publikum: der Frosch, das Huhn, Frau Igel und der Hund.

Ganz vorne war ein Tisch, an dem saß der Fuchs. Er trug eine weiße Perücke und sah sehr vornehm aus. Der Fuchs war nämlich Richter am Sportgericht von Buxtehude.

»Ich habe Hasenfüße«, sagte der hochmütige Hase. »Das sind bekanntlich die schnellsten Füße der Welt.«

»Ist er nicht ein eingebildeter Kerl?«, quakte leise der Frosch.

»Ruhe bitte im Publikum!«, ermahnte der Fuchs in strengem Ton. Dann wandte er sich an den Hasen. »Was weiter? Was ist geschehen?«

»Ich habe den Igel zu einem Wettrennen eingeladen. Wir haben gewettet um einen goldenen Taler und eine Flasche Branntwein!«

Der Fuchs konnte sich ein Grinsen nicht verkneifen, denn es war allgemein bekannt, wie gerne der Hase dem Branntwein zusprach.

»Und ich habe gewonnen«, warf stolz der Igel ein.

Frau Igel wurde rot im Gesicht.

»Genau das kann nicht sein!«, empörte sich der Hase. »Wie kann ein Igel mit seinen **Schiefen Beinen** schneller sein als ich?«

»Das wüsste ich auch gern«, flüsterte der Hund. »Ich habe schon ein paarmal versucht, den Hasen zu erwischen.«

»Trotzdem habe ich gewonnen«, beharrte der Igel und machte ein säuerliches Gesicht. Wenn jemand über seine Beine spottete, war er empfindlich.

»Das geht nicht mit rechten Dingen zu!«, rief der Hase. »Das war **Betrug**! Ich weiß nicht, wie er es angestellt hat, aber es war Betrug! Wir haben das Wettrennen wiederholt,

einmal und noch einmal und noch einmal … und immer kam dasselbe dabei heraus.«

»Vierundsiebzig Mal«, sagte der Igel.

»Ich war am Ende meiner Kräfte«, jammerte der Hase. »Ich lag ermattet auf dem Boden, mir lief Blut aus der Nase. Man hielt mich gar für tot!«

»**Armes Häschen**, bist du krank?«, gackerte spöttisch das Huhn.

»Ruhe dahinten!«, schimpfte der Richter. Dann dachte er nach. »Also gut«, beschloss er. »Der Igel behält den goldenen Taler. Der Hase bekommt die Flasche Branntwein. Und das Wettrennen wird unter strenger Aufsicht wiederholt.«

Am nächsten Tag war es so weit, der Lauf begann. Der Igel hatte gut gefrühstückt, der Hase seine Flasche Branntwein halb geleert. Zunächst führte der Hase das Rennen an, doch immer wieder blieb er stehen und trank vom Branntwein, als wäre es Wasser. Bald überholte ihn der Igel und wackelte mit seinen schiefen Beinen langsam, aber stetig voran. Und der Hase? Der wankte betrunken hinterher. So kam es, dass der Igel das Wettrennen schon wieder gewann.

Später ging der Hase empört zum Richter, um sich zu beschweren, aber diesmal sagte der Fuchs nur: »Ach, lieber Hase, erzähl doch keine **Märchen**!«

Zwei Gewichtheber

Eines Tages ging ein Gewichtheber in einen Getränkeladen. Der Gewichtheber hieß der Starke August. Er kaufte eine Kiste Sprudelwasser und ging wieder hinaus. Für den Starken August war eine Kiste Sprudelwasser allerdings so leicht, als hätte er gar nichts in der Hand. Darum dachte der Starke August, er hätte das Sprudelwasser vergessen. Also ging er noch einmal in den Getränkeladen und kaufte eine weitere Kiste. Jetzt hatte er zwei, in jeder Hand eine.

Da kam zufällig ein anderer Gewichtheber vorbei. Der hieß der Kräftige Max. Er sah den Starken August und zeigte ihm seine Muskeln.

»Zwei Kisten Sprudelwasser«, sagte der Kräftige Max und lachte. »Das ist ja nichts! Da lohnt es sich ja gar nicht, den Arm zu heben.«

Er ging in den Getränkeladen und kaufte vier Kisten Zitronenlimonade.

»Schau nur her, wie stark ich bin!«, prahlte der Kräftige Max, als er wieder herauskam. »Vier Kisten Zitronenlimonade trage ich, und es kommt mir vor wie nichts.«

Der Starke August lächelte und nahm dem Kräftigen Max die vier Kisten Zitronenlimonade aus der Hand. Jetzt trug der Starke August zwei Kisten Sprudelwasser und vier

Kisten Zitronenlimonade. »Und?«, sagte der Starke August. »Was sagst du nun?«

»Das kann ich auch«, sagte der Kräftige Max. Er nahm das Sprudelwasser und die Zitronenlimonade, ging zu einer Mülltonne und legte die Kisten auf den Deckel. Dann hob er die Mülltonne hoch. Jetzt trug der Kräftige Max zwei Kisten Sprudelwasser, vier Kisten Zitronenlimonade und eine Mülltonne.

»Na«, sagte der Kräftige Max. »Da staunst du, was?«

Und er setzte die Mülltonne wieder auf dem Boden ab.

Da lachte der Starke August, und er legte die Mülltonne auf einen Lastwagen. Den hob er hoch. Jetzt trug der Starke August zwei Kisten Sprudelwasser, vier Kisten Zitronenlimonade, eine Mülltonne und einen Lastwagen.

»Nicht schlecht«, gab der Kräftige Max zu. »Gar nicht schlecht. Aber vielleicht geht es noch besser.«

Der Kräftige Max ging zum Starken August und packte ihn an den Füßen.

»Hau ruck!«, sagte der Kräftige Max und hob den Starken August hoch in die Luft.

Jetzt trug der Kräftige Max zwei Kisten Sprudelwasser, vier Kisten Zitronenlimonade, eine Mülltonne, einen Lastwagen und den Starken August.

Da kam eine Taube geflogen. Sie setzte sich auf die oberste

Kiste Sprudelwasser und ließ dem Kräftigen Max was auf den Kopf fallen.

»He!«, schrie der Kräftige Max.

Vor Schreck ließ er die Füße des Starken August los. Da purzelte alles auf den Boden – die zwei Kisten Sprudelwasser, die vier Kisten Zitronenlimonade, die Mülltonne, der Lastwagen und der Starke August. Nur die Taube nicht, die flog auf und davon.

Der Kräftige Max sah verdutzt nach oben. Er stellte Lastwagen und Mülltonne wieder an ihren Platz zurück.

»Merkwürdig«, sagte der Starke August. »Ich hätte nicht gedacht, dass eine Taube so schwer ist.«

Der Kräftige Max nahm seine vier Kisten Zitronenlimonade, der Starke August nahm seine zwei Kisten Sprudelwasser, und beide gingen sie ihrer Wege.

Der sportliche Emmentaler

Ein Emmentaler lag in einer Vorratskammer auf einem Regalbrett mitten im Raum. Er war goldgelb, groß wie ein Wagenrad und schwer wie ein Mühlstein. Er lag schon so lange im Regal, dass er faul und träge geworden war.

Der Emmentaler gehörte einer alten Frau, und die sagte sich eines Tages: »Heute hätte ich große Lust auf eine kleine Scheibe Emmentaler.«

Also ging sie in die Vorratskammer und versuchte, den Emmentaler zu bewegen, um ein Stück herauszuschneiden, doch das war gar nicht so einfach. Sie schob hier, sie zog dort, aber der Emmentaler rührte sich kaum von der Stelle. Da schließ-

lich nahm sie Anlauf, senkte den Kopf, hielt beide Arme vorneweg und stieß mit aller Gewalt gegen den schweren Käse.

»Au!«, sagte die Frau, denn sie hatte sich ein bisschen den Finger verstaucht.

»Plumps!«, machte der Käse, der vom Regal hinunter auf den Boden gefallen war und nun über die Dielen rollte.

Die Tür der Vorratskammer stand offen, und der Emmentaler kullerte in den Flur. Die Frau ging hinterher.

»Schön«, freute sie sich. »Jetzt kann ich mir eine kleine Scheibe von meinem Emmentaler abschneiden.«

Doch die Frau hatte auch die Haustür offen gelassen, denn wo sie wohnte, gab es keine Diebe, und so rollte der Emmentaler hinaus auf die Straße. Die Frau folgte ihm.

Es ging leicht bergab, und der Emmentaler rollte immer schneller. Bald raste er die Straße hinunter. Er hüpfte vom Bürgersteig und sprang über kleine Schlaglöcher. Vor einer roten Ampel wartete er nicht etwa auf Grün – nein! Er kugelte doch glatt bei Rot über die Kreuzung, und es war ein großes Glück, dass niemandem etwas passierte.

Die Frau lief hinterher, so schnell sie konnte. »Halt!«, rief sie. »Mein Emmentaler! Haltet ihn fest!«

Die Leute lachten nur und zeigten mit den Fingern auf die beiden. »Guckt mal da!«, riefen sie. »Da rollt ein Emmentaler! Hat man so was schon mal gesehen?«

Der Emmentaler rollte und rollte, die Frau rannte und rannte. Als sie ganz außer Atem war, musste sie eine Pause machen. Dadurch verlor sie den Emmentaler aus den Augen. Sie wusste nur ungefähr die Richtung, in der sie nach ihm suchen musste.

Und wie erging es derweil dem Emmentaler?

Der sportliche Käse kullerte in einen Garten. In dem Garten stand ein Tisch. Um den Tisch standen sieben Stühle. Und auf den Stühlen saßen die sieben hungrigsten Männer der Welt.

»Schön!«, riefen sie alle gleichzeitig. »Da rollt ein Emmentaler, der kommt ja wie gerufen.«

In genau sieben Minuten hatten die sieben hungrigsten

Männer der Welt fast den ganzen Emmentaler aufgegessen – nur eine kleine Scheibe war übrig geblieben.

Als die Frau in den Garten kam und nach ihrem Käse fragte, sagten die Männer: »Tut uns leid!« und zeigten mit den Fingern auf ihre Bäuche. Die kleine Scheibe, die übrig geblieben war, gaben sie der Frau und verbeugten sich vor ihr.

»Siehst du«, sagte die Frau, als sie wieder zu Hause war, zu dem Käse in ihrer Hand. »So geht es einem Käse, der nicht zu Hause bleiben will.«

Und dann verzehrte sie ihn mit einem einzigen Bissen.

Als der Mond vom Himmel fiel

Eines Tages fiel der Mond vom Himmel.

Wahrscheinlich hatte es ein Problem mit der Befestigung gegeben: der linke Haken lose, die rechte Halterung verrutscht. Wer weiß das schon so genau?

Als der Mond vom Himmel fiel, wunderte sich zunächst niemand. Es kommt oft vor, dass der Mond nicht zu sehen ist.

Am ersten Abend war der Himmel so bewölkt, dass man sein Fehlen nicht bemerkte.

Am zweiten Abend war der Himmel wolkenlos. Aber die Leute wunderten sich immer noch nicht, sie dachten, es wäre Neumond.

Am dritten Abend sah ein kleiner Junge den Mond auf der Straße liegen.

»Da liegt was rum, was ist denn das?«, rief er und wollte nachsehen.

Aber seine Mutter hatte es eilig und zog den Jungen hinter sich her.

»Das ist doch der Mond!«, rief der Junge.

»Zeit fürs Bett!«, sagte seine Mutter. Sie war etwas ungeduldig, denn sie hatte einen anstrengenden Tag hinter sich. Doch dann sah sie den Mond und erschrak. »Jetzt ist

auch noch der Mond runtergefallen. Warst du das?«, fragte sie ihren Sohn.

Wenig später stand eine große Menschenmenge um den Mond herum.

Es kam die Polizei und auch die Feuerwehr. Die Polizisten sperrten die Straße ab. Sie untersuchten, ob der Mond beschädigt war. Und was genau passiert war.

»Es gibt keine Spuren von Fremdeinwirkung«, sagten sie. Das hieß, der Mond war vermutlich ganz von alleine vom Himmel gefallen.

»Siehst du«, sagte der kleine Junge zu seiner Mutter. »Ich war es nicht!«

Die Mutter nahm ihn in den Arm und sagte: »Das weiß ich doch!«

Die Feuerwehrleute schoben den Mond ein Stück zur Seite, damit er nicht mitten auf der Straße lag und keinen Unfall verursachte. Sie überlegten, wie man ihn wieder hinauf an den Himmel befördern könnte. »Unsere Leiter ist nicht lang genug«, sagten sie. »Damit geht es jedenfalls nicht.«

Zufällig war eine Seiltänzerin unter den Zuschauern. Die hatte eine Idee: »Man müsste den Mond an ein Seil hängen und ihn daran hochziehen.«

»Wie soll das denn gehen?«, fragte ein junger Lehrer und lachte.

Die Seiltänzerin machte ein beleidigtes Gesicht.

»Lassen wir den Mond doch einfach liegen, wo er ist!«, sagte ein dicker Mann mit grün gefärbten Haaren. »Da stört er doch nicht!«

»Auf keinen Fall!«, riefen die Polizisten. »Ordnung muss sein!«

»Es ist ja eine ziemlich kleine Kugel«, sagte ein Gewichtheber. »Die könnte ich locker stemmen. Aber ich bekäme sie nicht hoch genug.«

»Ob man Pedale an ihm befestigen kann?«, überlegte ein Radfahrer.

»Vielleicht kann ich ihn mit Gas auffüllen«, schlug ein Ballonverkäufer vor. »Dann schwebt er ganz von alleine hoch.«

So gab es hier einen Vorschlag und dort einen Vorschlag, aber keiner half wirklich weiter.

Dann kam ein Fußballer des Weges. Als er den Mond so da liegen sah, zögerte er nicht lange. Er nahm kurz Anlauf und trat beherzt zu. Und mit einem kräftigen Tritt schoss er den Mond zurück an die richtige Stelle.

Glück und Pech eines Brustschwimmers

In einem heißen Sommer war ein Brustschwimmer am Strand. Er legte seine Kleider auf ein Häufchen in den Sand, er ging ins Wasser, und er schwamm hinaus in das Meer, schnell und weit.

Als er sehr lange geschwommen war, wurde er müde und wollte eine Pause machen. Zufällig kam ein leeres Schlauchboot vorbei, da konnte der Brustschwimmer sich gemütlich hineinsetzen. Das war Glück.

Doch begegnete ihm ein großer Wal. Der hatte schon länger nichts mehr gefressen, und ein Schlauchboot kam ihm gerade recht. Der Wal schnappte den Brustschwimmer und das Schlauchboot mit einem einzigen Bissen. Das war Pech.

Aber bevor der Wal mit dem Kauen begann, gelang es dem Brustschwimmer, sich in einer Zahnlücke zu verstecken. Und nachdem der Wal das Schlauchboot gut zerkaut und geschluckt hatte, musste er rülpsen. Das kam von der Luft aus dem Schlauchboot. Der Wal rülpste so stark, dass der Brustschwimmer in hohem Bogen auf eine einsame Insel flog. Er landete weich im Sand. Das war Glück.

Auf der einsamen Insel gab es nur drei Kokosnusspalmen, einen Affen und eine Telefonzelle. Die war ständig besetzt von dem Affen. Aber der Brustschwimmer hatte sowieso kein Kleingeld und konnte deswegen nicht zu Hause anrufen. Das war Pech.

Nach zwei Stunden war der Affe immer noch in der Telefonzelle. Der Brustschwimmer klopfte an die Glastür.

»Werter Herr Affe«, sagte der Brustschwimmer. »Haben Sie vielleicht Kleingeld?«

Der Affe schüttelte den Kopf. »Das brauche ich selbst.«

»Ich habe Hunger«, sagte da der Brustschwimmer. »Vielleicht könnten Sie mir eine Kokosnuss von einem Baum schütteln?«

Der Affe fuchtelte zuerst erbost mit den Armen herum. Wahrscheinlich wollte er nicht beim Telefonieren gestört werden. Nach einiger Zeit kam er dann aber doch heraus. Er kletterte auf eine Palme und warf eine Kokosnuss herab. Sie fiel dem Brustschwimmer genau auf den Kopf, und er sank betäubt zu Boden. Das war Pech.

Aber nach einer Weile wachte er wieder auf, und nun musste er nicht hungern, weil er die Kokosnuss hatte. Das war Glück.

Aus der leeren Telefonzelle bastelte der Brustschwimmer ein Boot. Damit fuhr er fort, und der Affe weinte, weil er jetzt nicht mehr telefonieren konnte.

Zwei Tage trieb der Brustschwimmer auf dem Meer, und er lebte die ganze Zeit von nur einer Kokosnuss. Am dritten Tag kam ein Schiffbrüchiger vorbei, der sich auf einen im Wasser treibenden Briefkasten gerettet hatte.

»Du hast es gut«, sagte der Schiffbrüchige, »du hast Telefon.«

Da erzählte der Brustschwimmer, dass er keine Münzen hatte und darum nicht zu Hause anrufen konnte.

»Das ist Pech«, sagte der Schiffbrüchige. »Ich dagegen habe keine Briefmarke, und so nützt mir mein Briefkasten auch nicht viel.«

Dann fuhren sie weiter. Der Schiffbrüchige auf seinem Briefkasten trieb auf einer großen Welle nach Westen, und der Brustschwimmer in seinem Telefonzellenboot trieb auf einer anderen Welle nach Osten. Zum Abschied winkten sie.

Am vierten Tag kam ein einsamer Rückenschwimmer vorbei.

»Entschuldigung«, sagte er. »Geht es hier zum Strand?«

Der Brustschwimmer zuckte mit den Achseln, weil er es auch nicht wusste.

»Macht nichts«, sagte der Rückenschwimmer. »Ich werde es schon finden.«

Zum Dank für seine Bemühungen schenkte er dem Brustschwimmer ein Feuerzeug. Dann schwammen sie weiter, der

Rückenschwimmer nach Süden, der Brustschwimmer nach Norden.

Am fünften Tag landete der Brustschwimmer bei den Eskimos. Die Eskimos waren sehr nett und bauten ihm ein Iglu. Außerdem gaben sie ihm warme Fellkleider, denn für Badehosen war es in der Gegend der Eskimos zu kalt.

Der Brustschwimmer zeigte den Eskimos, wie man mit dem Feuerzeug Fenster in die Iglus schmelzen konnte. Darüber freuten sich die Eskimos sehr. Der Brustschwimmer schenkte den Eskimos das Feuerzeug. Die Eskimos schenkten dem Brustschwimmer ein Fischmesser.

Bei den Eskimos blieb der Brustschwimmer einige Zeit. Mit dem Fischmesser machte er aus gefrorenen Fischen kleine

viereckige Stücke und verkaufte sie als Fischstäbchen. Er wurde sehr reich, denn alle Kinder der Welt wollten plötzlich Fischstäbchen essen. Das war Glück.

Der Brustschwimmer hatte jetzt genug Geld zum Telefonieren und sogar für ein eigenes Flugzeug. Damit wollte er endlich nach Hause fliegen. Nur fasste der Tank nicht ausreichend Benzin für den weiten Flug, und so musste der Brustschwimmer mit seinem Flugzeug irgendwo im großen Meer wassern. Das war Pech.

Aber er war ein guter Brustschwimmer. Er schwamm zurück an den Strand.

Seine Kleider lagen immer noch dort.

Das war Glück.

Ein Hochspringer und ein Weitspringer

Auf einem Sportplatz war ein Weitspringer, der machte einen Sprung, viele Meter weit.

»Das war gut«, sagten die Zuschauer auf der Tribüne und klatschten in die Hände.

Aber auch ein Hochspringer, der gerade in der Nähe stand, hatte es gesehen, und er sagte: »Das war gar nichts. Ich kann viel höher springen als du.«

Er überlegte nicht lange, nahm Anlauf, und dann sprang er, viele Meter hoch.

»Das war ziemlich gut«, riefen die Zuschauer, und wieder klatschten sie in die Hände.

»Ach«, sagte der Weitspringer. »Das war nun wirklich nichts Besonderes. Ich kann viel weiter springen als du.«

Er nahm gleich Anlauf, und dann sprang er los. Über den halben Sportplatz sprang er.

»Siehst du!«, rief er. »So weit bin ich gesprungen!«

Die Zuschauer klatschten. »So etwas sieht man nicht jeden Tag!«, riefen sie.

Nur der Hochspringer war nicht beeindruckt.

»Das kann ich besser!«, rief er.

Sofort nahm er tüchtig Anlauf und sprang hoch in die Luft.

Die Zuschauer sahen ihm nach. Immer höher flog er hinaus, und immer kleiner wurde er. Erst war er so groß wie ein Kind, dann wie ein Fußball, dann so winzig wie eine Murmel. Schließlich war er hinter einer Wolke verschwunden und kam nicht mehr zurück.

»Bravo!«, jubelten die Zuschauer. »Er ist wirklich der beste Hochspringer der Welt!«

Leider konnte der Hochspringer es nicht hören, weil er ja verschwunden war.

»Das war nicht schlecht«, musste sogar der Weitspringer zugeben. »Aber ich kann viel weiter springen.«

Er nahm einen weiten Anlauf und sprang los. Er sprang über den ganzen Sportplatz hinweg, er sprang über die Zuschauertribüne, sogar über die Häuser der Stadt, und dann war er verschwunden und kam nicht mehr zurück.

»Sehr gut!«, riefen die Zuschauer. »Er ist tatsächlich der beste Weitspringer der Welt.«

Schade, dass der Weitspringer es nicht hören konnte, weil auch er verschwunden war.

Auf dem Sportplatz war auch ein Läufer. Er war der schnellste Läufer der Welt. Er hatte erst eine Weile seine Runden gedreht, aber dann war er stehen geblieben, weil er dem Hochspringer und dem Weitspringer zugesehen hatte.

Als sie verschwunden waren, sagte der Läufer: »Das war nicht schlecht. Das war wirklich nicht schlecht!« Er klatschte in die Hände. »Und trotzdem«, sagte der Läufer und lachte: »Und trotzdem kann ich viel schneller laufen als die beiden.«

Dann drehte er wieder seine Runden, und er lief schneller als der Hochspringer und schneller als der Weitspringer.

Die Grandiose Muckipille

Von den unbekannten Planeten aller unentdeckten Sonnensysteme ist Melona am weitesten von der Erde entfernt. Dort hat sich Folgendes ereignet:

Die Bewohner von **Melona** waren sehr klug und sehr schön, und noch dazu waren sie die erfolgreichsten Sportler des Universums. Weitsprung, Laufen, Kugelstoßen, Gewichtheben ... was auch immer, die Besten jeder Disziplin waren in Melona zu Hause.

Da sie aber alle gleich gut waren und alle gleich hart trainierten, wurden die Sportwettkämpfe in Melona mit der Zeit ziemlich langweilig. Es gab nämlich keine Sieger mehr. Alle Läufer liefen in derselben Sekunde ins Ziel, alle Kugelstoßer warfen die Kugeln gleich weit, alle Brustschwimmer schwammen gleich schnell, alle Gewichtheber stemmten dieselben Gewichte hoch, und wenn etwa tausend Radfahrer ein Rennen fuhren, gab es tausendmal den ersten Platz. (Die Straßen sind in Melona sehr breit.)

Eines Tages aber erfand ein **Wissenschaftler** die Grandiose Muckipille – das war eine Pille, die jeden, der sie schluckte, stärker und schneller machte. Der Wissenschaftler ging zu einem Kugelstoßer und sagte: »Wenn du die Grandiose Muckipille schluckst, wirst du besser als alle anderen.«

»Ist das nicht Betrug?«, fragte der Kugelstoßer.

Der Wissenschaftler grummelte erst etwas Unverständliches vor sich hin, dann sagte er: »Das merkt doch niemand. Übrigens, die Grandiose Muckipille schmeckt nach Erdbeeren.«

Der Kugelstoßer leckte sich mit der Zunge über die Lippen, denn Erdbeeren aß er für sein Leben gern. Aber wie alle Bewohner von Melona war er nicht nur sehr schön, sondern auch sehr klug und fragte: »Hat die Grandiose Muckipille denn keine unangenehmen Nebenwirkungen?«

»Ein paar«, gab der Wissenschaftler zu. »Mit der Zeit kriegt man grüne Pickel und wird hässlich und dumm. Doch einem Sieger macht das nichts aus!«

Der Kugelstoßer zögerte kurz, aber weil er so gerne der einzige Sieger sein wollte, steckte er sich die Grandiose Muckipille trotz aller Bedenken in den Mund und schluckte sie herunter. Sie schmeckte wirklich nach Erdbeeren (allerdings auch sehr süß und ein bisschen künstlich).

Beim nächsten großen Sportwettkampf stieß der Kugelstoßer die Kugel weiter als alle anderen und gewann als Einziger die vergoldete Honigmelone – das ist der erste Preis für Sportler in Melona.

Auch ein Läufer schluckte die Grandiose Muckipille und rannte allen davon. Ein Weitspringer schluckte sie und sprang zwei Meter weiter als die anderen Weitspringer. Sagenhaft! Ein Schwimmer schluckte sie und gewann acht Honigmelonen und schwamm so schnell wie noch niemand zuvor. Melonarekord! Ein Radfahrer schluckte die Muckipille und raste als Erster ins Ziel. Absolute Spitze!

Natürlich machten sich die übrigen Sportler Gedanken darüber, warum ein paar von ihnen plötzlich so viel besser waren als der Rest. Und irgendwie erfuhren sie das Geheimnis.

»Das macht die Grandiose Muckipille«, wisperte eine Turnerin.

»Ist das nicht Betrug?«, tuschelte ein Kanute.

»Ach was«, flüsterte ein Gewichtheber. »Das machen doch alle!«

Bald machten es wirklich alle. Die Sportler von Melona wollten alle die Grandiose Muckipille haben. Der Wissenschaftler gab sie ihnen. Die Sportler schluckten sie.

Seitdem erkannte man die Sportwettkämpfe von Melona schon von Weitem an ihrem süßlichen Erdbeerduft. Auch die Sportler von Melona erkannte man sofort: Sie hatten grüne Pickel und waren hässlich und dumm.

Sonst war eigentlich alles wieder wie früher. Es gab keine Sieger. Die Läufer waren schneller denn je, aber sie liefen

alle in derselben Sekunde ins Ziel, die Kugelstoßer warfen die Kugeln weiter als früher, aber sie warfen sie alle gleich weit, die Brustschwimmer schwammen gleich schnell, die Gewichtheber stemmten dieselben Gewichte hoch, und bei den Radfahrern gab es tausendmal den ersten Platz.

So war das.

Aber vielleicht fällt dem Wissenschaftler ja bald wieder etwas Neues ein.

Der fleißige Turner

An einem Sommermorgen riss ein fleißiger Turner das Fenster seines Schlafzimmers weit auf.

Fröhlich schrie er hinaus: »Guten Morgen, ihr Leute. Es ist hell! Die Sonne scheint! Die Vögel singen! Und ihr liegt faul in euren Betten!«

Da öffneten sich die Fenster in den anderen Häusern. Die Leute schauten heraus und schimpften. Der fleißige Turner lachte.

Dann begann er zu turnen. Erst machte er einen Purzelbaum. Dann ging er ins Badezimmer, putzte sich die Zähne und hüpfte dabei auf der Stelle. Dann lief er, so schnell er konnte, ins Wohnzimmer. Dort machte er einen Kopfstand. Etwa eine Stunde stand der fleißige Turner auf dem Kopf. Er war der beste Kopfstandmacher der Welt.

»Das ist lustig!«, rief der fleißige Turner. »Ich sehe die Welt falsch herum.«

Er sprang wieder auf die Füße.

»Hops«, sagte er und lachte. »Jetzt ist alles wieder richtig herum. Die Lampe ist oben, der Teppich ist unten. Der Stuhl steht auf den Beinen. Die Vase steht auf dem Tisch. Die Blumen sind in der Vase, und die Blüten sind oben.«

Der fleißige Turner sah sich im Wohnzimmer um.

»Aber wer sagt, dass es so richtig ist?«, fragte sich der Turner plötzlich. »Vielleicht ist alles ganz anders!«

Der fleißige Turner nahm Anlauf, und mit einem Satz sprang er auf die Hände.

»Hops!«, rief er. »Jetzt ist alles anders. Der Teppich ist oben, die Lampe ist unten. Die Beine stehen auf dem Stuhl. Der Tisch steht auf der Vase. Die Blumen sind immer noch in der Vase, aber die Blüten sind unten.«

Auf seinen Händen spazierte der Turner in den Flur. Dort lag der Boden auf den Schuhen. An der Garderobe hingen die Haken an den Mänteln.

Zum Frühstück wollte sich der fleißige Turner einen Kaffee kochen. Doch das war gar nicht so einfach.

Der Herd war unter dem Fußboden, die Platten waren unter dem Herd, von den Platten hing der Wasserkessel herunter, und die Öffnung des Wasserkessels war nicht oben, sondern unten.

Oje, dachte der fleißige Turner. Hoffentlich läuft kein Wasser heraus.

Er wollte Wasser in den Kessel füllen, aber es ging nicht. Denn mit den Füßen konnte er den Kessel nicht halten, und die Hände brauchte er zum Stehen. Deshalb trank der fleißige Turner an diesem Morgen keinen Kaffee.

»Das macht nichts«, sagte der fleißige Turner. »Denn zu viel Kaffee ist eh nicht gesund.«

Der fleißige Turner ging zur Wohnungstür. Mit den Füßen bewegte er die Klinke. Er zog die Tür auf, ging hinaus und schob die Tür wieder zu. Auf den Händen ging er die Treppe hinunter. Oder ging er die Treppe hinauf? Der fleißige Turner wusste es selbst nicht mehr.

Er ging hinaus auf die Straße. Die Häuser hingen rechts und links von der Straße herunter. Die Haustüren waren oben, die Dächer waren unten. Die Straßenbahnen hingen an den Schienen, die Autos hatten oben vier Räder, und unten aus den Fenstern guckten die Köpfe der Fahrer heraus.

»Alles ist anders«, sagte der fleißige Turner und staunte.

Er ging auf einen Spielplatz. Da war ein Mädchen, das machte gerade einen Handstand. Das Mädchen konnte fünf Minuten auf den Händen stehen.

»Oh«, sagte der fleißige Turner, als er das Mädchen sah. »Dein Kopf ist oben, und deine Füße sind unten.«

»Ja«, sagte das Mädchen und lachte.

Als die fünf Minuten um waren, stellte sich das Mädchen wieder auf die Füße. Da machte der Turner eine Drehung in der Luft, und dann stand auch er wieder richtig herum.

»Hops!«, rief er. »Jetzt ist alles verdreht. Aber dein Kopf ist immer noch oben, und deine Füße sind immer noch unten.«

Da lachte das Mädchen, und der fleißige Turner lachte auch.

Der unermüdliche Kletterer

Es gab einmal einen Kletterer, der kletterte so ziemlich auf alles hinauf. Wenn ein Auto am Straßenrand parkte, ging er nicht einfach daran vorbei, er spazierte über das Autodach. Manchmal gab das ein paar Beulen im Blech.

»Es tut mir leid«, sagte der Kletterer dann.

Wenn er irgendwo zu Besuch war, stellte er sich erst einmal auf den Tisch. Sofort fiel ihm ein, dass sich das nicht gehörte. Schnell sprang er wieder herunter und sagte: »Entschuldigung!«

Einmal kletterte er sogar auf einen Wäscheständer. Der brach unter seinem Gewicht zusammen. »Verzeihung«, sagte der Kletterer. Zum Glück ließ sich der Wäscheständer leicht reparieren.

Trotzdem war es dem Kletterer sehr peinlich, und er versuchte, sich zu bessern. »Warum kletterst du nicht mal auf einen Berg oder einen Felsen?«, fragten ihn die Leute.

Eines Tages sah der Kletterer einen sehr hohen Felsen. Der war äußerst schwer zu besteigen, weil er fast senkrechte Wände hatte. Aber natürlich versuchte der Kletterer es trotzdem. Mühsam hangelte er sich die Felswand hinauf. Es war nicht ungefährlich, manchmal rutschte er ab. Doch er fand immer wieder irgendwo Halt und kraxelte weiter. Dann endlich hatte er es geschafft. Er stand oben auf dem Felsen und winkte fröhlich mit den Armen.

Nun wollte der Kletterer wieder hinunter. Man könnte glauben, das wäre für ihn die leichteste Sache der Welt. Aber so war es nicht, denn das Hinunterklettern ist oftmals schwieriger

als das Hinaufklettern. Der Kletterer kam von dem Felsen nicht wieder herunter.

Also blieb er oben sitzen.

In der Ferne stand ein kleiner Junge, der bemerkte den Kletterer und winkte ihm zu. Der Junge hatte eine **Pusteblume** in der Hand. Er pustete kräftig, und die Samen an ihren kleinen Fallschirmen flogen hinauf zu dem Kletterer. Einige landeten auf dem Felsen, andere in seinem Haar.

Ein paar Tage später wuchs Löwenzahn auf dem Felsen. Sogar in den Haaren des Kletterers wuchs Löwenzahn, sein Kopf war bald voller gelber Blüten. So musste der Kletterer nicht dursten und nicht hungern, er trank Löwenzahnmilch und aß **Löwenzahnsalat**.

Einen Löwenzahn, der auf dem Felsen wuchs, aß der Kletterer nicht auf, sondern ließ ihn weiterwachsen. Das war gut so, denn die Blume wuchs und wuchs. Als sie verblühte

und zur Pusteblume
wurde, waren ihre
Samen so groß wie
richtige Fallschirme.
An einem dieser Fallschirme
schwebte der Kletterer
langsam von dem Felsen
herab und landete, ohne
sich wehzutun, wieder
auf dem Erdboden.

So ging die Sache glimpf-
lich aus!

Zwei Wochen später
entdeckte der Kletterer wieder
einen Felsen, der war noch schwerer
zu besteigen als der letzte. Natürlich
versuchte der Kletterer es trotzdem. Er
brauchte sehr lange, aber irgendwann hatte er
es geschafft. Dann war er oben auf dem Felsen
und winkte fröhlich mit den Armen.

Da steht er nun.

Und winkt und winkt.

Die Geschichte vom Mann, der alles gut vorbereitet

Jetzt hört ihr eine Geschichte, aus der man richtig was lernen kann. Es ist die Geschichte von Herrn Schubach, und die geht so:

Herr Schubach wollte wandern gehen. Am frühen Morgen, er war gerade aufgestanden und hatte noch seinen Schlafanzug an, sah er aus dem Fenster. Draußen schneite es.

»Aha«, sagte Herr Schubach. »Es schneit.« Er überlegte, und er sagte sich: »Dann mache ich eben eine Skiwanderung.«

Herr Schubach dachte darüber nach, was man für so eine Skiwanderung braucht.

»Ich darf nichts vergessen«, sagte er sich.

Er war nämlich ein Mann, der alles gut vorbereitete. Denn er wollte keine unangenehmen Überraschungen erleben.

Zunächst braucht man Skier, dachte Herr Schubach. Dann braucht man Skistöcke und Skischuhe. Man braucht Wachs, um die Skier zu wachsen, denn dann gleiten sie schneller. Wenn man aber zu schnell fährt, könnte man stürzen und sich verletzen. Man braucht also Pflaster und Verbandsstoff. Es könnte auch sein, dass man sich verletzt mitten im Wald, und das nächste Dorf ist weit entfernt. Deshalb braucht man Vorräte, etwas zu essen und eine Flasche Wasser.

Herr Schubach schrieb alles auf einen Zettel.

Beim Sturz könnte die Flasche beschädigt werden, dachte Herr Schubach. Deshalb braucht man eine gepolsterte Tasche. Es könnte auch sein, dass man dringend Hilfe bekommen muss, also benötigt man auch Kleingeld für die Telefonzelle – nein, besser ein Funkgerät, denn im Wald gibt es keine Telefonzellen. Es könnte auch sein, dass es so neblig

ist, dass man von den Krankenwagenfahrern nicht gesehen wird. Man braucht eine Pistole, mit der man Leuchtkugeln in den Himmel schießen kann.

Herr Schubach schrieb es auf.

Es könnte auch sein, dass man sich verirrt, dachte er dann. Man braucht Landkarten und einen Kompass. Man könnte sich sehr verirren und dann einen Unfall haben in einem fremden Land, in dem die Leute eine andere Sprache sprechen. Deshalb braucht man Wörterbücher, damit man erklären kann, dass man Hilfe braucht.

Herr Schubach schrieb auch diese Dinge auf seinen Zettel.

Dann packte er alles ein. Er brauchte nichts zu kaufen, denn er war immer gut vorbereitet. Er hatte alles im Haus: Skier, Skistöcke, Skischuhe, Wachs, Pflaster, Verbandsstoff, Essen, eine Flasche Wasser, eine gepolsterte Tasche, Kleingeld, ein Funkgerät, eine Leuchtpistole, Landkarten, einen Kompass und Wörterbücher.

Es war schon Mittag, als Herr Schubach endlich loswanderte. Er ging zwei Stunden lang. Es war anstrengend, denn er hatte erstens viel Gepäck, und er musste zweitens die Skier auf den Schultern tragen, weil nicht genug Schnee auf den Wegen lag.

Gestürzt ist Herr Schubach nicht, einen Unfall hatte er keinen. Aber leider hatte nicht auf dem Zettel gestanden, was für Kleidung man anziehen muss. Und so war Herr Schubach im Schlafanzug losgegangen.

»Zu dumm«, sagte Herr Schubach. »Daran habe ich nicht gedacht.«

Als er nach zwei Stunden wieder zu Hause war, hustete er fürchterlich. Er hatte eine schlimme Erkältung und musste eine ganze Woche lang das Bett hüten. Tja, so kann es gehen.

Herr Zeisig hat es immer eilig

Achtung! Platz da! Dort kommt Herr Zeisig, der hat es immer eilig. Er rennt über den großen Markt. Vielleicht kann ich ihn rufen. Aber da läuft er schon weiter. Zum Gemüse- und Obststand will er, doch die Leute stehen ihm im Weg.

»He! Können Sie nicht aufpassen!«, schimpft eine Frau.

Jetzt steht Herr Zeisig an. Nein, er drängelt! Gerade noch an achter Stelle, ist er jetzt schon Vierter. Und nun schiebt er ein Kind zur Seite. Kein Zweifel, Herr Zeisig hat es eilig.

»Passen Sie doch auf!«, ruft ein Mann. »Sehen Sie denn nicht – das Kind!«

»Ich bin dran«, sagt eine Frau. »Sie haben es wohl besonders eilig?«

Da nickt Herr Zeisig. »Hab ich auch«, sagt er. »Jawohl, ich habe viel zu tun.«

Die Marktfrau gibt Herrn Zeisig Äpfel, Möhren und Salat, und schon läuft Herr Zeisig weiter. Zum Brotstand läuft er. So hastig läuft er am **Obststand** vorbei, dass eine ganze Kiste Äpfel herunterpoltert.

»Meine schönen Äpfel!«, jammert die Verkäuferin. »Wenigstens helfen könnten Sie mir. Alles muss ich alleine aufsammeln.«

Aber Herr Zeisig hat es eilig. Schon ist er am Brotstand, schnell hat er sich in die erste Reihe gedrängelt. Und jetzt hat er ein kleines Mischbrot in der Tasche.

Herr Zeisig läuft weiter zur Straßenbahnhaltestelle. Die Autos hupen, und die **Bremsen** quietschen, als er über die Straße läuft.

»Haben Sie denn keine Augen im Kopf?«, schimpft ein Mann aus einem Auto.

»Ich hab's eilig«, ruft Herr Zeisig.

»Sie landen noch im Krankenhaus«, sagt der Mann. »Auf der Straße muss man aufpassen.«

Aber das hört Herr Zeisig schon gar nicht mehr. Er ist längst in die Straßenbahn gesprungen. Die hat er gerade noch erwischt. Da fährt er davon. Er wohnt am Stadtrand. Die Straßenbahn braucht achtzehn Minuten.

Und was macht Herr Zeisig jetzt? Er ist in seiner Wohnung. Er wohnt ganz alleine. Auf dem Küchentisch liegt ein Rechenheft. Herr Zeisig sitzt am Küchentisch. Er rechnet.

Achtzehn Minuten Straßenbahn, hin und zurück macht sechsunddreißig. Elf Minuten auf dem Markt. Macht siebenundvierzig. Siebenundvierzig Minuten habe ich heute gebraucht. Gestern habe ich zweiundfünfzig Minuten gebraucht, das sind fünf Minuten mehr. Heute war ich fünf Minuten schneller. Das ist Rekord.

Ich habe mich sehr beeilt, denkt Herr Zeisig. Morgen werde ich mich noch mehr beeilen. Und dann geht er hinaus auf die Straße. Eine Nachbarin begegnet ihm.

»Wie geht es Ihnen?«, fragt die Nachbarin.

»Danke«, sagt Herr Zeisig. »Gut. Ich habe viel Zeit gespart.«

Die Nachbarin lacht. »Und was machen Sie mit der gesparten Zeit?«, fragt sie.

»Nun«, sagt Herr Zeisig, »ehrlich gesagt, ich langweile mich. Ich habe nichts zu tun. Das ist langweilig.«

Auch die Nachbarin langweilt sich ein wenig und möchte ein Gespräch anfangen.

»Schönes Wetter heute«, sagt die Nachbarin.

Das sagt man, wenn man ein Gespräch anfangen möchte. Aber da guckt Herr Zeisig auf seine Uhr.

»Drei Uhr!«, ruft er. »Jetzt muss ich zum Supermarkt. Ich muss mich beeilen. Gestern habe ich siebzehn Minuten gebraucht. Heute brauche ich vielleicht nur fünfzehn Minuten, wenn ich mich beeile.«

»Warum so eilig, Herr Zeisig?« Die Nachbarin steht ganz verwundert da und schüttelt den Kopf. Plötzlich ist er weggelaufen, und jetzt läuft er wieder, so schnell er kann.

»Platz da!«, ruft er. »Ich habe es eilig!«

Er ist eben ein sonderbarer Mann, der Herr Zeisig. Und er hat es immer eilig.

Der Prinz auf dem Tennisplatz

Auf dem großen roten Sandplatz war es heiß, drückend heiß. Die meisten Tennisspieler waren vor der Mittagssonne in den Schatten geflüchtet. Nur ein **eitler Prinz** stand am Netz und schlug müde den Ball auf den Boden. Auf und nieder, auf und nieder, auf und nieder sprang der Ball, und bei jedem Nieder wirbelte ein wenig feiner roter Staub auf.

PLOPP. PLOPP, PLOPP!

Das alles war sehr langweilig, die Hitze trug das ihre dazu bei, und so schlief der Prinz bald ein. Sein Arm und der Tennisschläger machten weiter mit ihrer langsamen, gleichmäßigen Bewegung, und der Ball sprang weiter auf und nieder, auf und nieder. Der Rest vom Prinzen aber stand reglos da und schlief.

PLOPP. PLOPP, PLOPP!

Fliegen summten um seine Nase, ein **Käfer** krabbelte am Bein hinauf. Der Prinz bemerkte davon nichts, er hatte einen tiefen Schlaf.

PLOPP. PLOPP, PLOPP!

Etwas später kam der Briefträger mit einem Brief für den Prinzen. Der Umschlag war beschrieben mit einer zierlichen Handschrift und duftete nach Rosen. Also war es wohl keine Reklame, sondern ein richtiger Brief von einer richtigen Prinzessin.

PLOPP. PLOPP, PLOPP!

Der Briefträger wagte nicht, den Prinzen zu wecken. Er zögerte und wusste nicht, wohin mit dem Brief. Schließlich legte er ihn an den Rand des Spielfelds.

Der Prinz aber schlug weiter den Ball auf und nieder und schlief und träumte.

PLOPP. PLOPP, PLOPP!

Am Nachmittag, als die Hitze etwas nachließ, stellten sich ein paar Zuschauer an der Seitenlinie auf. Sie fanden das einsame Spiel des Prinzen ein wenig sonderbar, aber sie harrten aus, und manchmal klatschten sie.

PLOPP. PLOPP, PLOPP!

Am Abend erschien die Prinzessin selbst. Ungeduldig hatte sie auf eine Antwort vom Prinzen gewartet, aber nichts war gekommen, und nun schnaubte sie empört: »Dann eben nicht!«, als sie ihren Brief ungeöffnet am Spielfeldrand sah.

PLOPP. PLOPP, PLOPP!

Die Prinzessin vernahm das monotone Auf und Nieder des Tennisballs und das Klatschen der Zuschauer. Ach, hätte der Prinz nicht geschlafen, was hätte er nun Liebliches gehört! Die Prinzessin wippte ein wenig mit dem Fuß im Takt und sang mit ihrer klaren, hellen Stimme ein Lied dazu. Das war das Schönste, das jemals auf diesem Tennisplatz gesungen worden war.

Die Zuschauer hörten auf zu klatschen, sie lauschten stumm und bewegt.

Danach nahm die Prinzessin ihren Brief und huschte fort, und auch die Zuschauer gingen nach Hause.

Ach, was hatte der Prinz verpasst!

Später wachte er auf und sah sich um und war allein.

Mal wieder niemand da, dachte er und schlug lustlos den Ball auf den Boden.

PLOPP. PLOPP, PLOPP!

Das Engelsballett

Unter Engeln ist Handball wenig verbreitet, weil der Ball ständig an den Engelsflügeln hängen bleibt. Die Schutzengel spielen gern Fußball, manche auch Golf, nur leider haben sie wenig Zeit dazu. Die gewöhnlichen Engel turnen lieber oder spielen Schach.

Außerdem gibt es natürlich das Engelsballett. Achtzehn kleine Engel tanzen zur himmlischen Musik auf einer Wolke.

Der Ballettlehrer sagt ihnen, was sie machen müssen, und die Engel legen los.

Es ist allerdings ein ziemliches Durcheinander. Wenn die Engel hochspringen sollen, schwatzen drei und bekommen nichts mit. Wenn sie sich im Kreis drehen sollen, machen es dreizehn linksherum und fünf rechtsherum. Und bevor sie sich ordentlich in einer Reihe aufstellen, gibt es ein Riesengeschubse. Keiner weiß, wo sein Platz ist, jeder versucht es erst hier, dann dort oder drängelt sich zwischen zwei andere. Wenn endlich alle nebeneinanderstehen, schauen elf nach vorne, sechs nach hinten, und einer fällt von der Wolke.

Der Engel, der von der Wolke gefallen ist, hat sich natürlich nicht wehgetan. Weil Engel fliegen können, ist das alles halb so schlimm. Trotzdem hat er Tränen in den Augen.

»Es ist mir so peinlich«, flüstert er. »Wie soll ich jemals beim Auftritt mitmachen können?«

Die anderen Engel trösten ihn.

»Jeder von uns ist schon mal von der Wolke gefallen«, sagt einer.

»Und vor dem Auftritt brauchst du keine Angst zu haben«, sagt ein anderer.

»Glaubst du, dass wir jemals auftreten?«

»Na klar treten wir auf«, sagt der Ballettlehrer. »Wir üben tüchtig weiter, und dann treten wir auf.«

Da ist es dem Engel immer noch peinlich, aber als etwas später ein anderer Engel von der Wolke fällt, hat er die Sache vergessen.

Die Engel üben tüchtig. Sie tanzen auf den Zehenspitzen und piksen mit den Füßen kleine Löcher in die Wolke. Das gibt Regen. Sie machen Engelsspagat, dabei müssen die Beine ausgestreckt auf der Wolke liegen. Weil die Engel so weite Gewänder tragen, sieht man nicht, ob es klappt. Sie drehen sich auf dem linken Bein im Kreis und fallen um. Dann drehen sie sich auf dem rechten Bein im Kreis und fallen wieder um.

Aufgetreten ist das Engelsballett noch nie. Ist aber nicht so schlimm. Hauptsache, es macht Spaß.

Das Engelsballett probt jeden Mittwoch. Neue Engel können zurzeit leider nicht aufgenommen werden, denn die Wolke ist zu klein.

Meisterschaft der Flugobjekte

Bei der großen Meisterschaft der Flugobjekte gibt es immer ein ziemliches Durcheinander. Kein Wunder, denn mitmachen darf alles, was fliegen kann. Die verschiedenen Teilnehmer sind einfach zu unterschiedlich, da ist es schwer, Ordnung zu halten.

Dabei ist es übrigens nicht so, dass einfach der Schnellste gewinnt. Oh nein! Es geht nicht nur um Geschwindigkeit, sondern es müssen kunstvolle Flugaufgaben gelöst werden.

Schmetterlinge und Schwalben, fliegende Fische und Hubschrauber, Wachteln, Spatzen, Mücken und Libellen flattern

munter um die Wette. Ein Bumerang übernimmt kurz die Führung, macht jedoch bald darauf eine unerwartete Wendung
rückwärts. Papierflieger und Flugdrachen kreuzen
die Bahnen, ein Federball verfolgt eine Silvesterrakete. Ein
Maikäfer brummt einem Tennisball hinterher. Eine Fleder-

maus torkelt an einem Gasballon vorbei. Ein von einem starken Jungen in die Luft geworfener Kieselstein wird immer langsamer und ändert seine Flugbahn.

Auch die Stubenfliege wird schwächer und kommt nicht mehr nach. Weit abgeschlagen fliegt sie hinter den anderen her, bis sie keine Kraft mehr hat und aufgibt. Sie weiß, dass sie heute nicht mehr gewinnen kann.

»Die Stubenfliege ist geschlagen«, sagt eine Stimme aus dem Publikum.

Das hören die anderen Flugobjekte und verstehen es falsch.

»Die Stubenfliege geschlagen?«, rufen sie entsetzt. »Wer macht denn so was?«

»Sie ist so empfindlich«, sagt jemand.

»Vor allem, was Schläge angeht«, sagt jemand anderes.

Aber der Kieselstein rappelt sich auf, überholt die Stubenfliege, und zur Erleichterung aller anderen kann er berichten: »Ihr geht es gut! Sie ist nur etwas schlapp.«

Also geht es munter weiter.

Ganz weit vorn fliegt ein verwelktes Herbstblatt. Es macht gerade drei Loopings und ist fast schon nicht mehr einzuholen.

Und plötzlich verbreitet sich ein Gerücht.

»Die Entscheidung ist gefallen!«, flüstert es hier.

»Wer ist gefallen?«, ruft es dort.

»Es ist jemand gefallen!«, tönt es von links.

»Vielleicht können wir helfen?«, hört man von rechts.

Also unterbrechen die Teilnehmer der Meisterschaft der Flugobjekte kurzerhand ihren Flug. Sie sind nicht die Hellsten, aber freundlich und hilfsbereit. Sie suchen die ganze Umgebung ab, doch weil sie niemanden finden, dem sie helfen können, fliegen sie irgendwann einfach weiter.

Das Herbstblatt hat durch die Umstände seinen Vorsprung verloren. Zum zweiten Mal übernimmt der Bumerang die Führung, macht aber bald wieder eine Wendung rückwärts.

Am Ende führt die Fledermaus, die so wild durch die Luft wirbelt, wie es noch nie jemand gesehen hat.

Erneut verbreitet sich ein Gerücht unter den Flugobjekten.

»Es ist etwas passiert!«, flüstert es hier.

»Hat sich jemand wehgetan?«, fragt es dort.

»Der Rekord ist gebrochen!«

Einer sagt es dem anderen weiter, und alle Flugobjekte sind bestürzt: »Gebrochen, oje!«

Kickbots

Auf einer wenig bekannten Insel in der Südsee befand sich das geheime Trainingslager der Fußball-Nationalmannschaft. Hier trafen sich die besten Spieler des Landes zum Geheimtraining. Sie **dribbelten** mit dem Ball um Stangen herum. Sie **passten** einander Bälle zu, sie **flankten** über den halben Platz. Sie hielten den Ball über viele Stationen in der Luft, ohne dass er den Boden berührte. Und selbst die schwierigste Übung sah ganz einfach aus, weil die Spieler alles so gut konnten.

Sie übten Raumdeckung und Abwehrkette, sie spielten drei gegen drei auf ein Tor. Was eben so dazugehört, wenn man trainiert. Vor allem aber machten die **Nationalspieler** jede Menge geheime Übungen, sie planten überraschende Spielzüge und dachten sich tolle Tricks aus, von denen ihre späteren Gegner nichts erfahren durften.

Der Höhepunkt des Geheimtrainings war das Spiel gegen die Kickbots. Was Kickbots sind, war äußerst geheim, aber es gab trotzdem einige Leute, die es wussten: Das sind Roboter, die Fußball spielen können.

Einmal hatten ein paar Nationalspieler einen Kickbot gesehen. Eigentlich sollte er auf einem anderen Platz trainieren.

Aber er hatte sich verirrt, und nun stürmte er quer über das Feld. Kurz bevor er den Ball erreichte, **piepste** er und machte einen Purzelbaum, dann knickte er zusammen und blieb liegen.

Die Spieler der National- mannschaft lachten sich schlapp.

»Solche Elektrokomiker wollen gegen uns spielen?«, fragte einer.

»Knickbots!«, spottete ein anderer.

»Freut euch nicht zu früh!«, warnte der Trainer. »Das war ein technischer Fehler. Vielleicht war der **Akku** zu schwach.«

Ein paar Männer in gelben Uniformen räumten den eingeknickten Kickbot vom Rasen und brachten ihn in die Werkstatt.

Am nächsten Tag fand das große Trainingsspiel statt. Die Nationalmannschaft gegen die Kickbots – selbstverständlich höchst geheim.

Es war kein spannendes Spiel.

Die Kickbots waren etwas kleiner als die Spieler der Nationalmannschaft. Aber durch ihre elektrische Sprungkraft sprangen sie höher und erwischten jeden hohen Ball mit dem Kopf. Die flachen Bälle spielten sie einander haargenau zu. Kein Pass ging daneben, keine Flanke verfehlte ihr Ziel. Es war unglaublich, wie die Kickbots den Ball beherrschten.

»Es sind doch nur Maschinen«, versuchte der Kapitän der Nationalmannschaft seinen Mitspielern Mut zu machen.

Aber es half nichts. Zur Halbzeit führten die Kickbots 3:0.

»Das ist **keine Schande**«, sagte der Trainer in der Pause. »Wehrt euch, so gut ihr könnt!«

In der zweiten Halbzeit wurde es noch schlimmer. Die Kickbots liefen schneller als die Nationalspieler, sie waren nicht erschöpft und wurden nicht müde.

Das Endergebnis war so schlimm, dass ich es lieber nicht verraten will. Mit hängenden Köpfen verließen die National-spieler den Platz.

»Die Kickbots sind unschlagbar«, tröstete der Trainer in der Kabine die traurigen Spieler. »Tatsächlich, sie gewinnen jedes Spiel. Aber sie freuen sich nie.«

Ein Zwischenfall beim Ringkampf Luckenwalde – Tennenbronn

Ein sonderbarer Zwischenfall überschattete den großen Ringkampf Luckenwalde gegen Tennenbronn. Es ging los wie immer. Auf zwei Holzbänken saßen die Mannschaften, schön voneinander getrennt. Die große runde gelbe Matte mit dem roten Rand lag ausgebreitet in der Halle, das gespannte Publikum freute sich auf einen **fairen Kampf**. Auf der Matte links stand aus Luckenwalde ein Ringer in blauem Trikot und rechts in Rot ein Ringer aus Tennenbronn.

Der Kampfrichter trug einen weißen Anzug, zeigte den beiden vorerst nur den Rücken und schaute zum Punktrichter.

Ging es denn niemals los?

Die Ringer hüpften nervös auf der Stelle.

Endlich wendete sich der Kampfrichter ihnen zu.

Die Ringer standen jetzt angespannt nach vorne gebeugt, die Arme auf die Oberschenkel gestützt. Kurz sahen sie einander in die Augen.

Begann endlich der Kampf?

Der Kampfrichter hob den Arm, es ertönte der **Pfiff**.

Die Ringer fassten einander an den Schultern.

Aber war das schon ernst?

Eine Weile konnte man glauben, es würde nichts geschehen. Sie drehten sich im Kreis, mal langte hier ein wenig der rote nach dem blauen, mal dort ein wenig der blaue nach dem roten Ringer. Dann hielten sie einander an den Armen und standen fast bewegungslos da.

Aus dem Publikum war ein leises Murren zu hören.

Da plötzlich ging es zur Sache: Der Ringer aus Tennenbronn griff mit dem rechten Arm unter die linke Achsel des Ringers aus Luckenwalde, dieser hebelte sein rechtes Bein unter das feindliche Knie, das linke Bein des Ringers aus Tennenbronn umklammerte derweil das rechte Bein des Ringers aus Luckenwalde, dieses wiederum versuchte sich mit einer Drehbewegung zu lösen und kreuzte den rechten Oberarm des Ringers aus Tennenbronn. Nun kugelten sich beide Ringer kurz umeinander, wobei das linke Bein des Ringers aus Luckenwalde schräg über das rechte Bein des Ringers aus Tennenbronn rutschte.

Der Kampfrichter ahnte das kommende Unheil und schrie und pfiff und winkte mit den Armen.

Aber zu spät! Beim Versuch sich zu lösen, zog der Ringer aus Tennenbronn das kürzere Ende des freiliegenden Armes so in die Gegenrichtung des umklammerten Beines des Ringers aus Luckenwalde, dass ein unterlegener Teil des Oberschenkels ein kleines Stück weit über die Schultern ragte und sich dabei versehentlich mit dem freistehenden rechten Un-

terarm des Gegners verhedderte. Das führte zu einer Über-
kreuzfädelung mehrerer Gliedmaßen, an deren Ende ein
Unterschenkel und ein Handgelenk unbekannter Herkunft
sich ineinander verhakten.

Zugleich aber kurvte das linke Bein des einen Ringers
(vermutlich aus Tennenwalde) sich diagonal überlappend in
verwirrenden Windungen am hinteren Hüftbereich des Ringers aus Luckenbronn entlang und den bereits ineinander
verschränkten Körperteilen entgegen, sodass alles zusammen
einen nicht mehr aufzulösenden Knoten ergab.

Der Kampfrichter pfiff und schrie und versuchte die Ringer voneinander zu trennen. Aber vergeblich, denn dabei verhedderte auch er sich zwischen den klammernden Kämpfern, sodass der Punktrichter zu Hilfe eilen musste und später die weiteren Ringer der Mannschaften aus Luckenwalde und Tennenbronn. Das machte die Sache nur noch schlimmer, denn zum Schluss waren ein rundes Dutzend Ringer und Richter miteinander verknotet.

Erst der **Hausmeister** der Sporthalle hatte die rettende Idee. Mit einem dicken Schlauch spritzte er einen starken

Strahl eiskaltes Wasser in das Knäuel. Da fielen alle auseinander und lagen verstreut auf der Matte.

Und was sagte der Kampfrichter dazu?

Die Richter und die Ringer standen auf. Der Kampfrichter hielt mit der linken Hand die rechte Hand des Ringers aus Luckenwalde, mit der rechten Hand die linke Hand des Ringers aus Tennenbronn. Dann schüttelte er sich das Wasser aus den Haaren und der Kleidung, dachte kurz nach, schaute den Punktrichter an, hob beide Arme hoch und rief: »Unentschieden!«

Das Lächeln des Langstreckenläufers

Es gibt einen Langstreckenläufer, der ist jung, der hat blond gelockte Haare und feine, schmale Lippen, und er trägt ein blaues Stirnband. Sieht er nicht aus wie ein vornehmer Prinz? Ja, ungefähr so sieht er aus, so schön ist er.

Aber noch schöner ist sein Lächeln. Wenn der Langstreckenläufer einmal nicht läuft, wenn er auf dem Rasen sitzt oder gemütlich spazieren geht, dann sieht man ihn lächeln, und man sagt, er habe ein bezauberndes Lächeln.

Nur eines ist merkwürdig. Wenn der Langstreckenläufer im Wald trainiert – warum lächelt er dann nicht? Und wenn der Langstreckenläufer im Stadion seine Runden dreht – wo ist dann sein Lächeln? Es ist weg, fort, nicht mehr zu sehen. Der Langstreckenläufer verzieht den Mund, er macht eine angestrengte Miene, so wie jemand, der eine schwere Arbeit verrichtet, und sein Lächeln ist spurlos verschwunden.

Wer weiß, wie das kommt? Das kommt so: Der Langstreckenläufer kann sehr schnell laufen, aber sein Lächeln läuft noch viel schneller als er. Sobald der Langstreckenläufer zu rennen beginnt, da saust auch das Lächeln los. Der Langstreckenläufer ist noch kurz hinter dem Start, das Lächeln aber ist längst am Ziel.

Und das Lächeln, weil es gerade nichts Besseres zu tun hat, huscht hinauf in die Zuschauerränge. Da sind ein Mann und eine Frau, die Streit miteinander haben. Plötzlich kommt das Lächeln vorbei, da vertragen sie sich wieder.

Das Lächeln hüpft aus dem Stadion hinaus. Es entdeckt am Wegesrand eine verwelkte Blume, und kaum ist es vorbei, blüht die Blume wieder auf.

Während der Langstreckenläufer seine Runden dreht und verbissen vor sich hin starrt, läuft das Lächeln durch die Straßen der Stadt. Da will ein großer Junge einen kleinen Jungen schlagen, aber als das Lächeln in seine Nähe kommt, vergisst der große Junge, dass er den anderen schlagen will.

Das Lächeln springt leicht wie eine Feder durch ein geöffnetes Fenster in ein Haus, wo ein kranker Mensch traurig ist. Es hüpft über das Bett des kranken Menschen, und der ist plötzlich fröhlich und weiß nicht, warum.

Auf einmal aber ist der Langstreckenläufer am Ziel, und schon kommt auch das Lächeln zu ihm zurück. Ein wenig schnappt es nach Luft, weil es so weit gelaufen ist. Dann lächelt der Langstreckenläufer wieder, so als wäre das Lächeln niemals fort gewesen, und er sieht aus wie ein vornehmer Prinz, so schön ist er.

Der Langstreckenläufer läuft jeden Tag, viele Stunden lang. Und wenn in dieser Zeit irgendwo etwas Schönes geschieht, wenn sich Streithähne versöhnen, oder wenn traurige Leute plötzlich fröhlich werden und niemand weiß, woher das kommt, oder wenn die Sonne scheint, während es regnet, und man sieht einen Regenbogen – vielleicht ist dann gerade das Lächeln des Langstreckenläufers vorbeigekommen, wer weiß?

Der fremde Ritter

Einmal hat sich ein Mädchen beschwert: »Rittergeschichten sind blöd. Die Könige regieren, die Königinnen gucken zu. Die Prinzen dürfen Drachen jagen, während die Prinzessinnen auf sie warten müssen.«

»So war das früher«, habe ich geantwortet. »Die Geschichten erzählen, wie es früher war.«

Das Mädchen gab sich damit nicht zufrieden. »Trotzdem«, hat es gesagt. »Jetzt erzählst du mir eine Geschichte für Mädchen.«

Also gut. Vor vielen Hundert Jahren, als es noch echte Ritter gab, lebte auf einer großen Burg eine Prinzessin, die war die schönste Prinzessin der Welt. Sie war so schön, dass jeder Ritter, der sie nur kurz ansah, sich auf der Stelle in sie verliebte.

Einmal im Jahr fand auf der Burg ein großes Turnier statt, da kämpften alle Ritter des Landes gegeneinander. Es dauerte einen ganzen Tag, bis feststand, wer Zweiter und wer Sieger war. Der Zweite durfte die Hand der schönen Prinzessin küssen. Und der Erste durfte sie auf den Mund küssen. Aber nur ganz kurz.

Die Ritter kämpften hart, jeder wollte gewinnen.

Doch die Prinzessin war nicht glücklich. Sie stand vor dem Spiegel, sie betrachtete ihr schönes Gesicht, und sie sagte sich: »Ich bin wunderschön, alle Ritter sind in mich verliebt. Aber was habe ich davon? Es macht mir keinen Spaß, herumzustehen und von den Rittern bewundert zu werden.« Und wenn sie den Rittern bei ihren Turnieren zusah, dachte sie: Ich möchte selbst ein Ritter sein und andere Ritter von ihren Pferden hauen. Das ist bestimmt viel lustiger.

Aber das ging nicht, denn damals war es üblich, dass nur Männer Ritter waren.

Manchmal schlich die Prinzessin in den Keller der Burg, in dem Ritterrüstungen in allen Größen und Farben herumstanden. Sie suchte sich eine passende Rüstung aus, was nicht einfach war, denn die meisten waren ihr zu groß. Sie stieg hinein. Die Rüstung war schwer, und der große Helm verdeckte ihr ganzes Gesicht. Die Prinzessin betrachtete sich lange im Spiegel. Niemand konnte erkennen, ob der Ritter im Spiegelbild ein Mann oder eine Frau war. Dann zog sie die Rüstung wieder aus, ging hinauf, sah den Rittern bei ihrem Turnier zu und seufzte.

Eines Tages aber verschwand die Prinzessin und wurde seitdem nie wieder gesehen. Beim nächsten Turnier waren die Ritter sehr traurig. Denn weil die Prinzessin verschwunden war, gab es als zweiten Preis keinen Handkuss mehr, sondern nur einen silbernen Ring, und als ersten Preis gab es keinen Kuss auf den Mund, sondern nur einen goldenen Becher. Trotzdem wollten alle Ritter gewinnen, so sind sie nun mal.

Das große Turnier hatte gerade begonnen, da tauchte ein Ritter auf, den noch niemand zuvor gesehen hatte. Der fremde Ritter hatte das schönste Pferd und die bunteste Rüstung. Aber er war kleiner als die anderen Ritter, und die dachten: Mit dem werden wir sicher leicht fertig.

Aber da täuschten sie sich! Als der fremde Ritter den ersten Ritter vom Pferd warf, da dachte der zweite: Mir kann das nicht passieren. Aber auch er täuschte sich.

Und so ging es weiter. Einen Ritter nach dem anderen warf der fremde Ritter vom Pferd. Und am Abend war der fremde Ritter, den zuvor noch niemand gesehen hatte, der Sieger des Turniers und bekam den goldenen Becher als Preis. Dann verschwand er und tauchte erst beim nächsten Turnier wieder auf. Und die Geschichte ist aus.

Das Mädchen, dem ich sie erzählt habe, hat in die Hände geklatscht. »Und«, hat es gefragt, »ist die Prinzessin jetzt glücklich?«

»Vielleicht«, habe ich geantwortet. »Jedenfalls weiß sie jetzt, wie es ist, ein Ritter zu sein.«

Der Singkampf der Frösche

Die Frösche sind so ziemlich die schlechtesten Sänger, die es gibt. Das weiß jeder, der einmal ein Konzert von ihnen besucht hat. Nur sie selbst haben keine Ahnung.

Weil die Frösche nicht nur schlecht singen, sondern zudem auch schlecht hören, wissen sie nämlich nicht, wie furchtbar es sich anhört, was sie da von sich geben. Sie denken sogar, im Gegenteil, ihr Gequake klinge ziemlich gut.

Eines Tages fand eine große Weltmeisterschaft statt. Zahlreiche Ausrufer liefen durch das Land. »Disziplinen aller Art!«, riefen sie. »Teilnahme ist jedem gestattet!«

Die Ausrufer warben für die verschiedensten Wettkämpfe und versuchten, einander zu übertönen.

»Hochsprung!«, rief es hier.

»Weitwurf!«, rief es dort.

Ein helles Stimmchen wisperte: »Harfenspiel!«

Doch kaum jemand hörte es wegen einer tiefen, kräftigen Stimme, die »Schattenboxen!« brummte.

Und es gab sogar so ungewöhnliche Disziplinen wie »Auswendiglernen«, »Schnellrechnen« und »Ohrenwackeln«.

Die Frösche versuchten, das Geschrei der Ausrufer zu verstehen. Nur zu gerne würden sie bei der großen Weltmeister-

schaft mitmachen. Aber was war ihr Talent? In welcher Disziplin waren sie besonders gut?

Da plötzlich hörten sie eine Stimme, die rief: »Singkampf!«

»Das ist genau das Richtige«, freuten sich die Frösche. »Wir nehmen am Singkampf teil!«

Sofort begannen sie zu trainieren. Sie stellten sich im Teich auf und verteilten sich über die Blätter der Seerosen. Sie sangen einzeln und im Chor. Sie übten von morgens bis abends. Zwei Wochen lang arbeiteten sie sehr hart.

Und hat es genützt? Manche berichten, ihr Gesang sei in dieser Zeit nicht besser geworden. Andere erzählen, er sei wenigstens nicht schlechter geworden. Die Frösche selbst aber waren zufrieden.

»Das klingt doch nicht schlecht«, sagten sie sich.

Und dann war es so weit. Gemeinsam hüpften die Frösche zur Weltmeisterschaft. Fröhlich gingen sie zur Turnierleitung. »Wir möchten uns anmelden zum Singkampf!«, sagten sie.

»Singkampf?«, fragte der oberste Wettkampfleiter erstaunt. »Gibt es hier einen Singkampf?«

Alle schüttelten die Köpfe, bis einer seiner Angestellten nuschelte: »Ringkampf! Die Frösche meinen vermutlich den Ringkampf!«

Ja, so war es leider wirklich. Die Frösche hatten sich verhört. Es gab keinen Singkampf, nur einen Ringkampf. Enttäuscht zogen sie nach Hause, denn dafür hatten sie nicht trainiert.

»Schade«, quakten sie. »Den Singkampf hätten wir bestimmt gewonnen.«

Eine lahme Schlittenfahrt

In einer Hütte hoch oben auf einem Berg wohnten ein dicker und ein dünner Mann, die waren selten einer Meinung. Sie stritten sich gern, sie versöhnten sich wieder, gute Freunde blieben sie immer.

In einem Winter schneite es drei Tage lang, und dann be-deckte Schnee den ganzen Berg bis tief hinab ins Tal.

»Lass uns hinausgehen!«, rief der dünne Mann. »Überall liegt herrlicher Schnee!«

»Es ist nass und kalt«, murrte der dicke Mann. »Da geht man nicht vor die Tür.«

Dem dünnen Mann fiel ein, dass sich irgendwo in der Hütte ein Schlitten befand.

»Lass uns Schlitten fahren«, schlug er vor.

»Das haben wir noch nie gemacht«, sagte der dicke Mann. »Wir wissen gar nicht, wie das geht!«

Doch der dünne Mann suchte und fand den Schlitten in der kleinen Abstellkammer. Die beiden Männer zogen sich warm an und gingen hinaus vor die Tür.

»Und jetzt?«, fragte der dicke Mann.

»Erst muss man den Schlitten ziehen«, sagte der dünne Mann und zog den Schlitten an einem Seil ein Stück den Berg hinunter. Doch das war unbequem, denn der Schlitten rutschte ihm ständig gegen die Beine.

»So wird das nichts!«, rief der dicke Mann und nahm dem dünnen Mann das Seil aus der Hand. »Man muss den Schlitten schieben!« Aber auch das war leichter gesagt als getan, denn fast rutschte der Schlitten fort und sauste allein den Berg hinunter.

Es dauerte eine Weile, bis die beiden ins Tal gelangten, und einer schimpfte auf den anderen.

Unten angekommen versöhnten sie sich sofort.

Sie setzten sich hintereinander auf ihren Schlitten, vorne der dicke Mann, hinten der dünne Mann, und der dünne Mann rief: »Los geht's!«

Der Schlitten bewegte sich nicht von der Stelle.

»Du musst dich leichter machen!«, sagte der dünne Mann zum dicken Mann. »Wir stecken im Schnee fest.«

»Im Gegenteil!«, sagte der dicke Mann. »Du musst dich schwerer machen. Man braucht ein ordentliches Gewicht für eine schnelle Fahrt!«

Der dicke Mann versuchte, sich leichter zu machen, der dünne Mann versuchte, sich schwerer zu machen, aber die Fahrt ging nicht voran.

»Du musst die Füße anheben!«, rief der dünne Mann. »Wenn die Füße vorne auf dem Boden stehen, wird der Schlitten abgebremst.«

»Was redest du denn da?«, sagte der dicke Mann. »Meine Füße sind doch in der Luft!«

Trotzdem hob er die Füße noch ein bisschen höher als zuvor. Aber die Fahrt ging immer noch nicht voran.

»Vielleicht sind es ja deine Füße, die den Schlitten bremsen«, sagte der dicke Mann.

»Unsinn!«, schimpfte der dünne Mann. Auch er hob die Füße noch ein Stück höher, aber der Schlitten wollte einfach nicht den Berg hinauffahren.

Bald schneite es in dicken Flocken. Die Männer froren. Jeder dachte, der andere sei schuld, und schimpfte in Gedanken vor sich hin.

Bestimmt bremst er den Schlitten ab!, dachte der dicke Mann, der vorne saß. Wenn er sich umdrehte, sah er nicht, was der dünne Mann hinter ihm mit seinen Füßen machte.

Und der dünne Mann, der hinten saß, dachte: Beim nächsten Mal setze ich mich nach vorn!

Als es dunkel wurde, waren die beiden Männer müde geworden.

Mühsam zogen sie den Schlitten wieder den Berg hinauf. Sie gingen zurück in ihre Hütte, sie verstauten den Schlitten in der kleinen Abstellkammer, sie setzten sich auf ein Sofa und schwiegen vor sich hin. Dann, bei einer schönen Tasse heißer Schokolade, versöhnten sie sich wieder.

Stark und mutig ist der Löwe

»Niemand ist so stark und so mutig wie ich«, sagte der Löwe. Das hatte er sogar schriftlich. Vor seiner Haustür hing ein Schild, darauf stand: Der Löwe ist das stärkste und mutigste aller Tiere. Gezeichnet Löwe, König der Tiere.

Morgens, wenn der Löwe aus dem Haus ging, mussten alle Tiere sogleich herbeikommen und ihm gehorchen. Sie stellten sich im Halbkreis um ihn auf und verbeugten sich.

»Stark und mutig ist der Löwe«, riefen die Angsthasen.

»Bravo!«, riefen die anderen Tiere. »Hoch lebe der Löwe!«

Der Löwe zeigte seine Muskeln. Er stieß einen lauten Schrei aus, und die Angsthasen bibberten vor Angst.

Dann verteilte der Löwe die Arbeiten. Die Elefanten mussten ihn zum Duschen mit ihren Rüsseln mit Wasser abspritzen. Die Affen mussten mit ihren langen Armen sein Bett ausschütteln. Die Kängurus mussten sein Zimmer aufräumen und allen Müll in ihren Beuteln sammeln.

Der Esel musste einkaufen, denn er war das einzige Tier, das den Einkaufszettel lesen konnte.

Er ging in die Stadt und kaufte hundert Tüten Bananensaft, denn der Löwe hatte großen Durst. Außerdem vierzig Salamiwürste, denn Hunger hatte der Löwe auch. Das Kamel begleitete den Esel und half ihm tragen.

Dann stieß der Löwe einen lauten Schrei aus, einfach so, aus Langeweile, und die Angsthasen bibberten vor Angst.

Als der Esel und das Kamel aus der Stadt zurückkehrten, trank der Löwe seinen Bananensaft und fraß seine Salamis, immer drei Stück auf einmal. Als der Löwe alles aufgegessen hatte, hatte er immer noch nicht genug. Und so gingen der Esel und das Kamel noch einmal in die Stadt und kauften vierzig Laibe Käse.

Das Eichhörnchen fegte unterdessen mit seinem buschigen Schwanz den Boden der königlichen Wohnung. Der Löwe legte sich ein wenig ins Bett, und der Papagei sang ihm ein Schlaflied. Aber der Löwe schlief nicht ein, er stieß einen lauten Schrei aus, und die Angsthasen bibberten vor Angst.

Der Esel und das Kamel kamen mit vierzig Laiben Käse wieder. Der Löwe fraß den Käse und bekam Bauchweh. Er wälzte sich unruhig im Bett hin und her. Er wollte schlafen. Aber er schlief nicht ein, und alle Schäfchen mussten vor sein Bett treten, damit er Schäfchen zählen konnte. Er zählte nicht lange, denn erstens konnte er nur bis drei zählen, und zweitens war er gewohnt, dass andere für ihn die Arbeit taten. Also musste die kluge Eule kommen, die am besten rechnen konnte, und für den Löwen Schäfchen zählen.

Endlich, beim siebenundvierzigsten Schäfchen, schlief der Löwe ein.

»Der Löwe schläft!«, riefen die Schäfchen. Sogar die Angsthasen wagten sich herbei und warfen einen Blick auf das königliche Bett – tatsächlich, der Löwe schlief.

»Und jetzt?«, fragten die Angsthasen. Sie wussten nicht, was sie tun sollten, weil der Löwe schlief und niemand ihnen etwas befahl.

»Ich mache mich aus dem Staub!«, rief das Eichhörnchen, schüttelte seinen Schwanz aus und rannte davon.

»Auf uns kann der Löwe nicht mehr zählen!«, riefen die Schäfchen und liefen fort.

»Das ist das Klügste«, sagte die Eule. »Verschwinden wir!«

Als der Löwe wieder aufwachte, war er ganz allein. Er befahl, aber niemand gehorchte. Er zeigte seine Muskeln, aber niemand sah es. Er stieß einen Schrei aus, aber niemand bibberte vor Angst. Nein, er konnte schreien, so viel er wollte, die anderen Tiere kamen nicht wieder. Der Löwe blieb allein, und er langweilte sich schrecklich.

Die Wanderung der Schnecke

Eine Schnecke wohnte im Garten, wo es die besten Kohlköpfe gab, und doch war sie nicht zufrieden. Sie hatte ein gefährliches Leben, denn sie musste achtgeben, dass der Gärtner sie nicht erwischte.

»Woanders ist es bestimmt besser«, sagte sich die Schnecke. Und so verließ sie ihren Garten und kroch einen staubigen Feldweg entlang, der auf eine kleine Mauer zuführte.

Ein Mistkäfer kam vorbei. »Wohin des Weges?«, fragte er freundlich.

»Ich weiß es nicht«, sagte die Schnecke.

»Aber ich weiß was!«, rief der Mistkäfer. »Du bist auf dem richtigen Weg! Hinter der kleinen Mauer ist eine herrliche Wiese mit Kühen und mit Mist, so viel das Herz begehrt!«

Na schön, dachte die Schnecke, dann wandere ich bis zur Wiese mit dem Mist! Und sie kroch weiter über den staubigen Feldweg.

Am nächsten Morgen kam ihr eine Ameise entgegen und grüßte höflich. Die Schnecke erzählte von ihren Plänen, und die Ameise rief: »Oh nein, diese Wiese ist kein guter Platz. Wie leicht wird dort ein kleines Tier von den Füßen der Kühe zertreten. Aber du brauchst die Richtung nicht zu ändern. Hinter der Wiese ist ein Fichtenwald. Da gibt es Zweige und Nadeln, mit denen kann man die schönsten Burgen bauen.«

Na schön, dachte die Schnecke. Also wandere ich weiter bis zu dem Fichtenwald. Das ist noch weit, aber ich bin auf dem richtigen Weg.

Einen Tag später hüpfte ein Hase vorbei. »Wohin so früh am Morgen?«, rief er fröhlich.

»Hinter der kleinen Mauer ist eine Wiese, und hinter der Wiese ist ein Fichtenwald«, sagte die Schnecke. »Da ist es besser als hier.«

»Ach was«, sagte der Hase. »Der Fichtenwald ist dunkel und trostlos. Keinen grünen Halm gibt es dort zu fressen. Aber du brauchst die Richtung nicht zu ändern. Hinter dem Fichtenwald ist ein Bach mit glasklarem Wasser. Das ist der schönste Platz, den ich kenne.«

Wunderbar, dachte die Schnecke und dankte dem Hasen für den guten Rat. Dann krieche ich einfach weiter bis zu dem Bach. Ich bin genau auf dem richtigen Weg!

Am nächsten Tag war die Schnecke immer noch auf dem staubigen Feldweg, nicht sehr weit von dem Garten, den sie verlassen hatte. Da landete eine Taube am Wegesrand.

»Grüß Gott«, sagte die Taube. »Ich sehe, du wanderst.«

»Ja, das mache ich«, sagte die Schnecke. »Hinter der kleinen Mauer dort ist eine Wiese, hinter der Wiese ist ein Fichtenwald, hinter dem Fichtenwald ist ein Bach. Und dort möchte ich hin.«

»Zum Bach?«, rief die Taube. »Da gibt es nur kaltes Wasser und sonst nichts. Aber du brauchst die Richtung nicht zu ändern. Hinter dem Bach ist eine Stadt. Da leben Menschen, die werfen den Tieren Brotstücke zu.«

Also gut, dachte die Schnecke. Ich krieche zur kleinen Mauer, dann über die Wiese, dann durch den Fichtenwald, dann über den Bach und schließlich in die Stadt.

Wahrscheinlich kriecht sie heute noch.

Ein Wackerstein im Sportverein

Ein Wackerstein wollte sich im Sportverein anmelden.

»Hallo, Trainer«, sagte er. »Ich weiß nicht, was mir liegt.«

Der Trainer lachte. »Was willst du damit sagen? Hier jedenfalls liegst du im Weg.«

Der Wackerstein bewegte sich ein wenig zur Seite und erklärte: »Ich möchte Sport treiben. Aber ich weiß nicht, welche Sportart mir liegt.«

Der Trainer führte den Wackerstein durch die Sportanlage. »Auf dem grünen Feld in der Mitte kann man Fußball spielen. Die Bahn außen herum ist für die Läufer.«

»Nicht so schnell«, japste der Wackerstein. »Ich komm ja kaum hinterher.«

»Also ist Laufen nicht das Richtige für dich«, stellte der Trainer fest. Er betrachtete den Wackerstein. »Und wie ein Fußballer siehst du auch nicht gerade aus.«

»Das habe ich befürchtet«, seufzte der Wackerstein.

Der Trainer dachte nach. »Vielleicht Kugelstoßen?«

»Was muss man da machen?«, fragte der Wackerstein.

»Man nimmt eine Kugel und stößt sie fort, so weit, wie es geht.«

»Und dann?« Der Wackerstein stellte sich in den Kreis für die Kugelstoßer.

»Dann holt man sich die Kugel wieder«, sagte der Trainer. »Und man beginnt von vorn.«

»Klingt nicht sehr spannend«, murmelte der Wackerstein und sah sich um. »Wofür ist denn der Sandkasten dort?«

»Weitsprung«, sagte der Trainer. Er nahm Anlauf und sprang in den Sand.

»Alle Achtung!«, staunte der Wackerstein. »Aber das ist nichts für mich.«

»Vielleicht Tennis«, schlug der Trainer vor. Links neben dem großen Sportfeld war ein Tennisplatz. Der Wackerstein rumste über den roten Sand und hinterließ mehrere Löcher.

»He, pass doch auf!«, schimpfte der Trainer. »Du machst mir noch den schönen Platz kaputt!«

Hinter dem Tennisplatz gab es ein Schwimmbecken.

»Was hältst du von schwimmen?«, sagte der Trainer. »Wasser kann man nicht kaputt machen.«

Der Wackerstein war nicht gerade begeistert. »Ein Wackerstein, der schwimmt? Hat man so was schon mal gehört?«

»Ich hab's: Turmspringen!«, rief der Trainer.

Am Rand des Schwimmbeckens stand ein hoher Turm. Der Wackerstein kletterte mühsam hinauf. Und dann sprang er ins Wasser.

PLATSCH!

Das Wasser spritzte zu allen Seiten. Das machte dem Wackerstein große Spaß!

Leider war das Becken nun leer, so kräftig war der Wackerstein ins Wasser geplatscht.

»Turmspringen kannst du gut«, lobte der Trainer. »Aber mach es bitte nicht zu oft!«

Der vergessliche Fußballstar

Es gab einmal einen Fuß-
baller, der war der beste der
Welt, aber er war ziemlich
vergesslich.

Eines Morgens, am Tag
des großen Fußballspiels
Bayern München gegen
Real Madrid, wachte er
auf und war ganz durch-
einander. Er wusste nicht
mehr, bei welchem Verein
er spielte. War es Bayern München? Oder war es Real
Madrid?

Bis zum Abend hatte er noch Zeit, und er dachte, beim
Zähneputzen würde es ihm sicher einfallen, aber es fiel ihm
nicht ein. Er hätte jemanden anrufen und ihn fragen können,
aber das war ihm zu peinlich.

Er ging zum Stadion und schaute, ob es dort eine Anzei-
getafel mit den Namen der Spieler gab, aber er konnte nichts
entdecken.

Das Endspiel war übrigens in einer anderen Stadt. Ich
glaube, es war London.

Er schlenderte ein wenig durch die Straßen. Eigentlich musste er jetzt trainieren, aber er wusste ja nicht, bei welchem Verein.

Er aß zu Mittag in einem feinen Restaurant. Am Nachmittag trank er eine Tasse Tee und aß ein Stück Trockenkuchen. Er hatte es nicht eilig. Das Spiel begann um sieben Uhr. Oder war es um acht?

Um sechs Uhr ging er ins Stadion. Die Wärter am Eingang grüßten freundlich und ließen ihn hinein, denn sie erkannten ihn sofort. Aber leider sagten sie ihm nicht, bei welchem Verein er spielte. Fragen mochte er sie nicht.

Später, als die Mannschaften auf das Spielfeld einliefen, betrachtete er ihre Trikots, aber das half ihm nicht weiter. Er selbst besaß Trikots in allen Farben, denn er hatte schon bei allen großen Vereinen der Welt gespielt. Außerdem tauschten die Spieler nach den Spielen mit den Gegnern ihre Hemden, das brachte ihn immer wieder durcheinander.

Als das Spiel begann, trabte er langsam über den Platz. Jetzt nur keinen Fehler machen, dachte er. Nicht in die falsche Richtung schießen! Bloß kein Eigentor! Am besten wäre es, er würde gefoult. Er würde sich fallen lassen und einfach liegen bleiben. Dann würden ihn die Sanitäter in die Kabine seiner Mannschaft tragen.

Plötzlich bemerkte er einen Zuschauer, der in einer Zei-

tung las. Er lief zu dem Zuschauer und fragte: »Darf ich mal kurz einen Blick in Ihre Zeitung werfen?«

Er schlug den Sportteil auf – und da sah er es. Sein Foto mit seinem Namen! Und daneben stand auch sein Verein! Jetzt wusste er wieder, bei wem er spielte. Glücklich rannte er über den Platz. Er schoss drei Tore, und seine Mannschaft gewann verdient den Pokal.

Leider habe ich vergessen, welcher Verein es war. Vermutlich Bayern München. Oder Real Madrid.

Der Wettflug der Lachmöwen

Es waren einmal zwei lustige Lachmöwen, die hießen Emma und Eugen und erzählten sich gerne Witze. Meistens begann Emma mit Erzählen, und Eugen hielt sich den Bauch vor Lachen. Dann war Eugen dran mit seinem Witz, und Emma lachte sich kringelig. Die beiden wussten hundert Witze, da wurde ihnen so schnell nicht langweilig.

Doch weil sie sich jeden Tag von morgens bis abends Witze erzählten, kannten sie bald alle Witze auswendig. Darum gaben sie den Witzen Nummern. Emma brauchte bloß »Sechsunddreißig!« zu sagen, und schon wusste Eugen, dass sie Witz Nummer sechsunddreißig meinte. Das war ein guter Witz, und Eugen lachte sehr.

Dann sagte Eugen: »Zwölf!«

»Der ist auch nicht schlecht!«, rief Emma und lachte ebenfalls.

Eines Tages machten Eugen und Emma einen Wettflug. Eugen war größer und stärker als Emma. Darum war er auch schneller als sie und schon auf halber Strecke uneinholbar weit voraus.

»Das ist unfair!«, rief Emma. »Du bist schneller als ich! Da ist es klar, dass du gewinnst.«

Eugen bremste ab und brummte: »Das ist irgendwie wahr!« Er überlegte kurz, schüttelte den Kopf und sagte: »Aber so ist es doch immer bei einem Wettflug! Einer ist schneller als der andere, sonst gäbe es keinen Gewinner.«

Dann beschleunigte Eugen wieder und brauste davon. Weit hinter ihm flog Emma.

»Das ist unfair!«, rief sie ihm nach. »Du bist größer und stärker als ich. Da habe ich keine Chance.«

Eugen hörte es, er hielt kurz an und wartete, bis Emma ihn eingeholt hatte. »Das stimmt wohl«, gab er zu. »Aber so ist es nun mal bei Wettkämpfen. Einer ist größer und stärker als der andere, sonst würde keiner gewinnen.«

Eugen flog nun trotzdem etwas langsamer, aber es war immer noch zu schnell für Emma und schnell genug, um den Wettflug zu gewinnen.

Kurz vor dem Ziel jedoch hatte Emma eine Idee. So laut sie konnte, rief sie Eugen zu: »Zweiundvierzig!«

Das war der beste Witz, den die beiden kannten.

Eugen gluckste. »Hast du gerade zweiundvierzig gesagt?« Eugen hielt sich die Flügel vor den Bauch. »Zweiundvierzig!«, prustete er und kugelte vor Lachen in der Luft herum.

Und Emma? Die war jetzt schneller als Eugen. Locker flog sie an ihm vorbei und flatterte als Erste ins Ziel.

»Das war unfair«, sagte Eugen, als er sich beruhigt hatte.

Aber Emma lachte nur.

Die Räuber haben sich gebessert

In der Räuberhöhle am schrägen Hang lebten elf Räuber, die hatten Schluss gemacht mit der **Räuberei**.

»Wir werden unser Geld mit redlicher Arbeit verdienen«, sagte einer der Räuber.

»Was ist denn das?«, fragte ein anderer.

»Keine Ahnung!«, brummte ein dritter.

»Bestimmt hat es mit Reden zu tun«, sagte der Räuberhauptmann, und weil ihn alle ungläubig anstarrten, rief er: »Redlich! Versteht ihr? Redlich!«

Die Räuber schüttelten missmutig die Köpfe. »Arbeit heißt nicht reden, Arbeit heißt Geld verdienen«, sagte einer.

»Fußballer verdienen viel Geld!«, behauptete ein zweiter.

»Ich hab's!«, rief ein dritter. »Wir überfallen einen Fußballer und rauben ihn aus!«

»Bravo!«, jubelten die Räuber. »Prima! Klasse! Spitzenidee!«

»Aber nein«, sagte der Räuberhauptmann plötzlich betrübt. »Fußballer überfallen und ausrauben ist Räuberei. Das wollen wir doch nicht mehr machen. Wir haben uns gebessert.«

»So ist es«, murmelten die Räuber. »Aber was machen wir dann?«

Wieder hatte einer eine Idee. »Ich weiß was«, sagte er. »Wenn Fußballer viel Geld verdienen, dann werden wir doch einfach selbst Fußballer!«

»Können wir das denn?«, fragte ein anderer.

»Fußball spielen kann doch wohl jeder«, sagte der Räuberhauptmann.

Die Räuber fingen sofort mit den Vorbereitungen an. Einer besorgte einen Ball (hoffentlich nicht geklaut ...!). Als Fußballplatz wählten sie die Wiese am schrägen Hang. »Die ist gut geeignet!«, sagten sie. »Da müssen unsere Gegner den Ball berg-auf schießen! Und wir können ihn einfach runterrollen lassen.«

Dann bauten die Räuber zwei Tore, ein ziemlich kleines für die eigene Hälfte und ein extra großes für die Hälfte der Gegner. »So ist es gut«, freuten sie sich. »So treffen wir leichter das Tor.«

Nun war alles vorbereitet.

»Aber etwas fehlt noch«, sagte ein Räuber.

»Stimmt!«, sagte ein zweiter. »Uns fehlt ein schwacher Gegner!«

»Wieso schwacher Gegner?«, fragte ein dritter.

»Wir wollen doch gewinnen«, erklärte der Räuberhaupt-mann. »Ein schwacher Gegner wäre gut für uns.«

Die Räuber fragten mehrere abstiegsgefährdete Fußball-mannschaften aus verschiedenen Ländern, aber alle schwachen Gegner hatten Angst vor den Räubern. Niemand glaubte ihnen, dass sie wirklich Schluss gemacht hatten mit der Räuberei.

»Das ist sehr traurig«, sagte der Räuberhauptmann. »Kann denn keiner glauben, dass ein Räuber sich bessert?«

Zufällig waren gerade elf Piraten in der Gegend. Eigent-lich hatten sie sich bloß verirrt und suchten ihr Schiff. Als sie aber hörten, dass die Räuber sich gebessert hatten, glaubten sie es sofort und sagten: »Das wollen wir auch! Wir machen Schluss mit der Piraterie. Ab jetzt spielen wir Fußball.«

Sie hatten keine Angst vor den Räubern, und schon am nächsten Nachmittag traten sie an zum großen Spiel. Ein schwacher Gegner waren sie allerdings nicht – im Gegenteil! Die Räuber schossen zwar viele Tore, doch jedes Mal protestierten die Piraten: »Gilt nicht! Abseits!« Sie zeigten ihre Muskeln und machten dabei so grimmige Gesichter, dass kein Räuber zu widersprechen wagte.

Kurz vor Schluss schossen die Piraten ein Tor und gewannen knapp mit 1:0.

Das hätten die Räuber nicht gedacht.

»Wie konnte das nur passieren?«, wunderten sie sich.

»Fair war es jedenfalls nicht«, ärgerte sich der Räuberhauptmann, und die anderen Räuber stimmten ihm zu.

Die Hose ist das Herz des Helden

Endlich war es so weit! Auf das große Dreschballspiel der Gelben gegen die Blauen hatte die ganze Stadt schon seit Tagen gewartet. Die Halle tobte unter den Schlachtrufen der Anhänger. Hier die Chöre der Gelben, dort die der Blauen, und jede Seite versuchte, die andere zu übertönen. Die Fans reckten die Fäuste in die Luft.

Beim Dreschball darf man keine Angst haben, vor nichts und vor niemandem.

»Ihr werdet gewinnen!«, rief der kleine Träumer den Gelben zu, aber keiner hörte seine feine Stimme.

Bei den Gelben gab es einen Spieler, der war besonders stark und torgefährlich. Er hatte auffällig große, abstehende Ohren, daran war er leicht zu erkennen. Der kleine Träumer folgte ihm mit seinen Blicken. Der Spieler drosch den Ball mit der Faust über das halbe Feld.

Da plötzlich hörte man einen neuen Schlachtruf von den Anhängern der Blauen, erst leise, dann immer lauter:

»Große Ohren – hat verloren!«

Das war böse und gemein. Der Spieler mit den großen Ohren tat, als ob es ihn nicht interessierte, was die Leute riefen. Aber man merkte doch, dass es ihn ärgerte. Er spielte auf einmal schlechter als vorher, und irgendwann lief er zu der

Seite, wo die blauen Fans standen, und reckte ihnen wütend die Faust entgegen.

Die Gelben spielten nun zerfahren und passten nicht auf. Sie ließen sich von den Blauen in die eigene Hälfte drängen. Zwei Mal schlug der Ball ins Tor, das Spiel schien für die Gelben schon verloren.

»Drescht ein Tor!«, feuerte der kleine Träumer sie an. Er rief es mehrmals, doch es half nichts. Auf einmal hörte er sich etwas anderes rufen.

»Die Hose ist das Herz des Helden!«, wisperte der kleine Träumer. Er wusste selbst nicht, wie er daraufgekommen war.

Erst beachtete ihn niemand, dann aber brummte es auch der große Junge neben ihm mit tiefer Stimme. Und bald riefen es die Fans der Gelben in einem lauten Chor: »DIE HOSE IST DAS HERZ DES HELDEN!«

Was war das? Die Anhänger der Blauen unterbrachen ihre Sprechgesänge. Die blauen Spieler hoben verwundert die Köpfe. War das ein neuer böser und gemeiner Spruch, den sie nicht verstanden?

Ein Ruck ging durch die gelbe Mannschaft. Etwas war geschehen, man wusste nicht, was. Die Gelben schlugen den Ball in die gegnerische Hälfte. Es fiel ein Tor und noch eins – unentschieden!

Der kleine Träumer klatschte aufgeregt in die Hände. Er rief: »Volle Kanne – Badewanne!«

Es dauerte nicht lange, und der große Junge neben ihm brummte es mit, und bald brüllten es alle gelben Fans:

»VOLLE KANNE – BADEWANNE!«

Der Spieler mit den großen Ohren drosch den Ball mit voller Kraft nach links. Er lief zur Mitte, eine schräge Flanke kam zu ihm zurück, er sprang auf und hämmerte den Ball ins Tor.

Wenig später war das Spiel vorbei. 3:2 für die Gelben!

Was für ein Jubel hier, was für eine Trauer dort. Die Fans der Gelben fielen sich in die Arme, die Fans der Blauen verließen betrübt und mit hängenden Köpfen die Halle. Der kleine Träumer hüpfte vor Freude auf und ab, aber niemand beachtete ihn.

Am Abend dieses Tages lag der kleine Träumer noch lange wach in seinem Bett. Der Satz »Die Hose ist das Herz des Helden« ging ihm immer wieder durch den Kopf. Es war ein merkwürdiger Satz, und der kleine Träumer hatte keine Ahnung, was er bedeuten sollte.

So ein Zufall

Ein Riese saß auf einem Hügel und ließ sich eine ordentliche Portion Riesenerbsen schmecken. Er bemerkte, dass zu seinen Füßen kleine Wesen krabbelten. Er hielt die Füße still, damit er keins zertrat, denn er war ein sehr gutmütiger Riese.

Plötzlich fiel ihm eine Riesenerbse von der Gabel und kullerte vor seine Füße. Der Riese nahm eine Lupe, um zu betrachten, was geschah. Er sah kleine Menschlein, die in

einem Kreis um die Erbse herumstanden. Vielleicht hielten sie Rat. Dann traten sie die Erbse mit den Füßen und schossen sie einander zu.

Merkwürdig, dachte der Riese. Er aß seine übrigen Erbsen auf und stocherte mit einem Zahnstocher zwischen seinen Zähnen herum. An die kleinen Menschlein dachte er nicht mehr.

einem Kreis um die Erbse herumstanden. Vielleicht hielten sie Rat. Dann traten sie die Erbse mit den Füßen und schossen sie einander zu.

Merkwürdig, dachte der Riese. Er aß seine übrigen Erbsen auf und stocherte mit einem Zahnstocher zwischen seinen Zähnen herum. An die kleinen Menschlein dachte er nicht mehr.

Auf einem kleinen Sportplatz am Fuß zweier Berge standen ein paar Turner im Kreis und reckten und streckten sich. Da plötzlich kullerte eine grüne Kugel von den Bergen herunter und rollte ins Feld. Merkwürdig, dachten die Turner. Sie schossen die Kugel mit den Füßen hin und her. So erfanden sie den Fußball.

Neben dem Sportfeld war ein Hochspringer, der versuchte, über eine Latte zu springen. Doch die hing viel zu hoch. Da plötzlich fiel ihm ein langer Stab vor die Füße. Merkwürdig, dachte er. Was ist denn das? Er nahm den Stab in die Hände, stützte sich auf ihn und sprang locker über die Latte. So erfand er den Stabhochsprung.

Und was machte der Riese? Der vermisste seinen Zahnstocher.

Für alle, die Lust auf noch mehr Quatschgeschichten haben:

ISBN 978-3-414-82351-9

Martin Ebbertz, geboren 1962 in Aachen, aufgewachsen in der Eifel, studierte Germanistik, Philosophie und Geschichte und arbeitet heute als Autor für Kinder und Erwachsene. Seine Bücher wurden bereits mehrfach ausgezeichnet. Martin Ebbertz lebt in Boppard am Rhein.   www.ebbertz.de

Catharina Westphal wurde 1971 in Weert in den Niederlanden geboren. Nach Studium und Diplom arbeitet sie seit 2003 sehr erfolgreich als freie Illustratorin für verschiedene Kinderbuch-, Schulbuch- und Zeitschriftenverlage.   www.catharinawestphal.de